百名山遊記

― 山歩きは学びにあふれて ―

奥 彬
OKU Akira

文芸社

― 目 次 ―

　山番号と登山暦（登山順・登山年齢・初登山年）　4
　プロローグ　私と山歩き　10

Part 1　百名山　山旅のはじまり ────── 15
　1章　北海道の百名山　山番号　1～9　　16
　2章　東北の百名山　山番号　10～22　　41

Part 2　心で紡ぐ山の旅 ────── 71
　3章　関東北部の百名山
　　　　山番号　23～30、32、36～44　　72

Part 3　雪よ岩よ宿りの山よ ────── 111
　4章　長野・新潟県境と北アルプスの百名山
　　　　山番号　31、33～35、45～60　　112
　5章　本州中央山地と関東西部の百名山
　　　　山番号　61～73　　188
　6章　中央アルプスと南アルプスの百名山
　　　　山番号　74～86　　216

Part 4　歴史を旅する安らぎの山 ────── 247
　7章　北陸と近畿の百名山　山番号　87～91　　248
　8章　中国、四国、九州の百名山　山番号　92～100　　260

エピローグ　山歩きに終わりはない　281

謝　辞　286

参考文献　287

挿話 ひと休み

（1）なぜ山を歩くのか　39

（2）単独行のよいところ　69

（3）地図と天気図　90

（4）山歩きは事故や遭難と背中合わせ　109

（5）危機に陥ったとき思うこと　122

（6）百名山へ登ったあと　128

（7）山は大切な生きがい　135

（8）生と死の分かれ目　150

（9）有限である地球環境を塞翁の馬に任せてはならない　164

（10）薄い大気層と地球の表裏で起こっている環境変化　187

（11）産業と経済が操る表面的な地球環境問題の対策　214

（12）山へ登ると透けて見える宇宙飛行士の姿勢と有限の地球　222

（13）深田久弥の先見性と大衆登山の限界　246

（14）山と地球の環境は人々に警告を発している　259

山番号と登山暦（登山順・登山年齢・初登山年）

　本書で用いた山番号と帰属先の山名を記載する。これは深田久弥が日本列島の北から南へほぼ緯度順につけたものと同じである。当初、私は百名山へ登る予定などなかったから、いくつかの山巓(さんてん)を続けて登ったときの順番と山番号がしっくりしなかった。そこでつぎのように工夫してみた。

①既刊の百名山関連出版物で広く使われている山番号をそのまま踏襲する。
②二つ以上の山を続けて登ったときは、文頭または文末で登山日と山番号のつながりを説明する。それでもわかりにくいと思われるところは追加説明で補う。

　目次を見てわかるように、新潟・長野県境の山群については、緯度順ではなく山域別として3章と4章に振り分けてある。深田久弥の百名山ではほぼ緯度順に北から南へ山番号が付けられているが、その中で新潟・長野の県境付近だけが私には釈然としなかった。そこで、この山域についてだけ所属地域を入れ替えてみた（目次参照）。これで少しは整然としたようである。
　本書で採用した山番号を6、7ページに記す。これは深田久弥『日本百名山』［文献1］および朝日新聞社2002年『週刊・日本百名山』［文献2］などで使われている、北海道利尻岳の1番から始まり九州屋久島の宮之浦岳100番で終わるものである。

私の百名山歩き（踏破や登頂は勇ましすぎる）は百名山登山歴が示すように中学生の12歳から定年後の67歳までの55年間にわたっている。その間、教育と研究に多忙だった期間は真面目に仕事をしていたから、山を歩く時間的余裕は少なく記録も少ない。たまに北海道などの遠隔地で学会が開催されたときは、一両日の休暇を取って近くの山に登り精気を養った。定年退職後は自由な時間が増えたから百名山登山を締めくくれたが、周囲の人は私がどのように時間をやりくりしたかに興味があるらしい。だが秘策などあるはずがなく、本業と家庭と健康に気を配りながら、あせらず忘れずに取り組めばなるものはなるようである。

写　真
　写真は一部の山について掲載した。百名山の美しい写真は多くの冊子やウェブサイト上に溢れているから不要であろうと思っていたが、手元にある写真ファイルの多くはモノクロかまたは色褪せたものであっても味わいのあるものがいくつかあった。

ほ　か
　私的な記憶と記録にもとづき、登山と自然環境について日頃考えていることを織り交ぜて綴った本書は、ガイドブックや山の文化と歴史を紹介するものとしては他の既刊物を超えるものではない。

山番号

1	利尻岳	26	平ヶ岳
2	羅臼岳	27	巻機山
3	斜里岳	28	燧ヶ岳
4	雌阿寒岳	29	至仏山
5	大雪山旭岳	30	谷川岳
6	トムラウシ岳	31	雨飾山
7	十勝岳	32	苗場山
8	幌尻岳	33	妙高山
9	後方羊蹄山	34	火打山
10	岩木山	35	高妻山
11	八甲田山	36	男体山
12	八幡平	37	奥白根山
13	岩手山	38	皇海山
14	早池峰山	39	武尊山
15	鳥海山	40	赤城山（黒檜山）
16	月山	41	草津白根山
17	大朝日岳	42	四阿山
18	蔵王山	43	浅間山
19	飯豊山	44	筑波山
20	吾妻山	45	白馬岳
21	安達太良山	46	五竜岳
22	磐梯山	47	鹿島槍ヶ岳
23	会津駒ヶ岳	48	剣岳
24	那須山	49	立山
25	越後駒ヶ岳	50	薬師岳

51	黒部五郎岳	76	恵那山
52	黒岳（水晶岳）	77	甲斐駒ヶ岳
53	鷲羽岳	78	仙丈岳
54	槍ヶ岳	79	鳳凰三山（地蔵、観音、薬師岳）
55	奥穂高岳	80	北岳
56	常念岳	81	間ノ岳
57	笠ヶ岳	82	塩見岳
58	焼岳	83	荒川三山（悪沢、中、前岳）
59	乗鞍岳	84	赤石岳
60	御嶽山	85	聖岳
61	美ヶ原	86	光岳
62	霧ヶ峰	87	白山
63	蓼科山	88	荒島岳
64	八ヶ岳	89	伊吹山
65	両神山	90	大台ヶ原（日出ヶ岳）
66	雲取山	91	大峰山（山上ヶ岳、八経ヶ岳）
67	甲武信岳	92	大山
68	金峰山	93	剣山
69	瑞牆山	94	石鎚山
70	大菩薩嶺	95	九重山（久住山）
71	丹沢山	96	祖母山
72	富士山	97	阿蘇山
73	天城山	98	霧島連峰（韓国岳、高千穂峰）
74	木曽駒ヶ岳	99	開聞岳
75	空木岳	100	宮之浦岳

百名山登山暦

(登山順、山番号と山名、登った年齢、初登山した年)

1	33. 妙高山 (12) 1950	26	47. 鹿島槍ヶ岳 (37) 1975
2	60. 御嶽山 (14) 1952	27	53. 鷲羽岳 (41) 1979
3	45. 白馬岳 (15) 1953	28	5. 大雪山旭岳 (45) 1983
4	90. 大台ヶ原 (19) 1957	29	87. 白山 (46) 1984
5	48. 剣岳 (19) 1957	30	74. 木曽駒ヶ岳 (47) 1985
6	49. 立山 (19) 1957	31	75. 空木岳 (47) 1985
7	34. 火打山 (19) 1957	32	21. 安達太良山 (47) 1985
8	91. 大峰山 (19) 1958	33	9. 後方羊蹄山 (49) 1987
9	54. 槍ヶ岳 (20) 1958	34	94. 石鎚山 (51) 1990
10	55. 奥穂高岳 (20) 1958	35	59. 乗鞍岳 (52) 1990
11	50. 薬師岳 (21) 1959	36	80. 北岳 (55) 1993
12	51. 黒部五郎岳 (21) 1959	37	81. 間ノ岳 (55) 1993
13	57. 笠ヶ岳 (21) 1959	38	72. 富士山 (56) 1995
14	92. 大山 (22) 1960	39	76. 恵那山 (57) 1996
15	19. 飯豊山 (23) 1961	40	31. 雨飾山 (57) 1995
16	17. 大朝日岳 (23) 1961	41	58. 焼岳 (57) 1996
17	13. 岩手山 (23) 1961	42	100. 宮之浦岳 (58) 1997
18	12. 八幡平 (23) 1961	43	1. 利尻岳 (58) 1996
19	14. 早池峰山 (23) 1961	44	78. 仙丈岳 (60) 1998
20	10. 岩木山 (23) 1961	45	88. 荒島岳 (60) 1998
21	11. 八甲田山 (23) 1961	46	77. 甲斐駒ヶ岳 (60) 1998
22	15. 鳥海山 (24) 1962	47	27. 巻機山 (60) 1998
23	16. 月山 (24) 1962	48	83. 荒川三山 (61) 1999
24	18. 蔵王山 (24) 1962	49	84. 赤石岳 (61) 1999
25	46. 五竜岳 (37) 1975	50	82. 塩見岳 (62) 2000

51	89.伊吹山（63）2002	76	97.阿蘇山（64）2002
52	93.剣山（63）2002	77	96.祖母山（64）2002
53	70.大菩薩嶺（63）2002	78	98.霧島連峰（64）2002
54	73.天城山（63）2002	79	38.皇海山（65）2004
55	71.丹沢山（63）2002	80	64.八ヶ岳（65）2004
56	25.越後駒ヶ岳（63）2001	81	63.蓼科山（65）2004
57	79.鳳凰三山（63）2001	82	62.霧ヶ峰（65）2004
58	56.常念岳（63）2001	83	61.美ヶ原（65）2004
59	85.聖岳（63）2001	84	42.四阿山（65）2003
60	86.光岳（63）2001	85	40.赤城山（黒檜山）（66）2005
61	68.金峰山（63）2001	86	28.燧ヶ岳（66）2005
62	69.瑞牆山（63）2001	87	39.武尊山（66）2005
63	95.九重山（63）2001	88	26.平ヶ岳（66）2004
64	44.筑波山（64）2003	89	23.会津駒ヶ岳（66）2004
65	66.雲取山（64）2003	90	41.草津白根山（66）2004
66	67.甲武信岳（64）2003	91	43.浅間山（66）2004
67	65.両神山（64）2003	92	36.男体山（66）2004
68	8.幌尻岳（64）2002	93	37.奥白根山（66）2004
69	6.トムラウシ岳（64）2002	94	29.至仏山（66）2004
70	4.雌阿寒岳（64）2002	95	30.谷川岳（66）2004
71	3.斜里岳（64）2002	96	99.開聞岳（66）2004
72	2.羅臼岳（64）2002	97	52.黒岳（水晶岳）（67）2005
73	7.十勝岳（64）2002	98	20.吾妻山（67）2005
74	32.苗場山（64）1995	99	22.磐梯山（67）2005
75	35.高妻山（64）2002	100	24.那須山（67）2005

プロローグ　私と山歩き

　ある晴れた秋の日に私は日本最北端に近い山の頂にたたずんでいた。手の届く距離に礼文島(れぶんとう)が見える。この島国にはまだ訪れたことがない山がたくさんあるというのに、なにかしら安らいだ気持ちが心を満たしていた。

　百名山すべてに登ることなど考えてもいなかった。ただ、この国の北端にある高い山へ登ってみたいという長年の願いが叶って素直に喜んでいる私であった。それを何かの序章にするつもりもなかったが、知らぬまに碁盤の一隅を押さえたような気持ちが生まれていたのかもしれない。

　このような記憶を手繰りよせながら、この山遊記では、筆者が山を歩いて何を考え、何に喜び感動し、また何を憂えていたのか、山から学ぼうとしていたものはいったい何だったのか、それを記してみようと思う。

　長野県上田市に生まれた私は、上田松尾高校1年までをそこで過ごしたから、そのことが山好きの背景にあるのは間違いない。戦前から戦後にかけての混乱期に私を育ててくれたのは父母であるが、その次は故郷の山と川であり、兄弟、幼友達に先生方であった。今様の学習塾などはなかったから、上田城址と郊外の丘陵が塾校となる自然環境に恵まれ、そこで遊び、また学んでいた私の幼少期は幸せであった。父母は苦労して5人の子供を育て大学教育を受ける機会まで与えてくれた。その結果、私は登山家にこそならなかったが山が大好きな大人になる。

プロローグ　私と山歩き

　社会に出た私は大学で教育と研究に取り組む道を選び、有機合成化学の勉学に長く携わることになった。このような経歴がたどる自然の成り行きであろうか、生涯を通しての関心は科学技術と自然環境、地球と人間の生活スタイル、さらに進んで人の欲望の限界にまで向けられた。それは高齢になれば結論が出せるような課題ではない。社会が地球環境を貪り蝕み、人の自食自傷行為が世を覆う中で、そこに生かされる者が理念と理屈だけで解決への道を見出すのはとても難しいからである。その鬱積した混沌の世界から逃避するのではなく、しばらくの間だけでも身を解き放ち、窓を開いて大気を呼吸するのが私の山歩きであった。人の世と心は移り行くが、山は不変の感激を与えることを止めようとはしないからである。

　私がまだ幼い頃から山仕事以外の目的で山へ登る人々は多くいた。この国には特有の山岳信仰登山の風習があり、山は高くて深いところ、水・雲・風と生き物を産するところとして崇拝される一方で、風雨水害も産む恐ろしい所、また、はかり知れない力を宿すところとして畏れられ、崇められ、神秘化・神格化されてきた。ほとんどの山の頂に神社仏閣または祠が祀られているのはその証であろう。

　この伝統的な登山風習に加えて、文明開化後に導入された欧風アルピニズムには別の魅力と勢いがあった。山登りの文化は日本だけのものではなく、ホモサピエンスに共通する風習であることは興味深いことだが、ここで深掘りするつもりはない。

私は日本百名山の概念がまだ無かった戦後8年目のころから、上田第二中学校の生物担当だった広瀬先生に引率されて北アルプス登山を始めた。京都大学に入学するとすぐにワンダーフォーゲル（WV）部のドアを叩き、大台ヶ原と大杉谷、さらに劔岳へ登ったあと足繋く山を歩きはじめた。だが、『日本百名山』関連の書籍が刊行されはじめると、信州育ちの私は日本の山を百名山の名で括ることに反発を覚えるようになる。それは納得できない概念や不要で形式的なきまりごと、また、流行や社会の趨勢に流されるのを好まなかったからだ。今思えば、幼いころ慣れ親しんだ故郷の山が百名山の枠から外れたことに反発していたのかもしれない。とはいえ、私は深田久弥の山の本には魅かれていたから、そこに登場する山々に関心を持ちながらも、気持ちを逸らそうとする天邪鬼(あまのじゃく)な若者であった。またそうしなければ、社会人になったばかりの私は経済的・時間的に山の誘惑から身を守る自信がなかったのであろう。だが、そのような抑制が続くはずもなく、山が呼んでいると嘯(うそぶ)きながら百名山を摘(つま)み食いするように登っていた。

　序説の百名山登山歴を見てわかるように、私は大学院の後期から留学期間にかけて、さらに、新設された学科で初の教育と研究の仕事に就いてからしばらくは、百名山へ登っていない。没頭できる人生目標を新たに手にしたからである。その有機合成化学は取り組みがいのある学問であり、私は志向を同じくする学生と共に学びはじめた。新しい学科で教育と研究の成果を出すのは容易ではなかった

プロローグ　私と山歩き

が、そのような私を救ってくれたのはときおりの山歩きであった。金曜日の夕方に講義を済ませてから急いで新幹線に乗って名古屋へ、名古屋から電車または最終バスで長野県の山懐に入り、日曜の夜には京都へ戻って月曜日の講義に臨んだ。それを繰り返すことで心と肉体を肯定的につなぎとめていた。

　齢を重ねたいまは身体と相談しながら低山を歩く私だが、山もまた歳をとったように見える。おそらく節操のない登山者と人工的造作物が増えたからであろう。身の回りを最新の装束と道具で固めた最近の登山者は、便利で楽しい山歩きを求めて山にやってくる。だが、文明の力が及ばない領域が自然界に存在することを彼らは体験しようとはしない。不便さを知ってこそ便利さの尊さが身につくというのに。そのような侘しさと不満はあるが、私は山に対して信頼と羨望とを感じるのである、人の命は時間に逆らっても元には戻らないが、野山の自然はその命を地球の調律に合わせて元に蘇生できるからだ。

　結果として私は百名山を登り終わった。だが、百名山の概念がなかった頃に比べて、はじめは自然体であった私の登山スタイルは、百名山を意識し始めてから変わってしまったことに気がつきいささか辛かった。水行末、雲来末、風来末の心を目指してきたものの、所詮、巷を吹きぬけるつむじ風でしかなかったからである。

Part 1　百名山　山旅のはじまり

1章　北海道の百名山
山番号　1〜9

1　利尻岳（利尻富士1721m）

　利尻岳へ登る前の日に、私は北大スキー山岳部の「手稲山パラダイス・ヒュッテ」にいた。そこは大学生の頃に憧れていたところである。この日、北海道大学の徳田昌生先生に招かれて講義を済ませたあと、徳田研究室の同窓生が集う恒例の石狩焼きの宴にも招かれ、時を遡って青春時代へ里帰りする至宝の一刻に恵まれた。当時の私は徳田先生と研究上で関わりがあり、登山家でもある徳田先生から教えをいただいていた。深く感謝している。

　翌朝、昨夜の熱気が冷めやらぬまま、私は丘珠(おかだま)空港から稚内(わっかない)便に乗り、稚内空港で利尻便に乗り換えて礼文島を指呼の間に望む利尻島へやってきた。そこは北海に秋風が吹きぬける島、二階建てより高い建物がない漁業の町、鴛泊(おしどまり)である。民宿に荷を置いて港の周辺を散策する。港を見渡せる小さなペシ岬へ足を延ばして無数のカラスが群れる光景に驚き怯(ひる)む私であった。

1996年9月15日（日）　高曇、単独行。
コースとタイム：登山口（甘露泉）5:20〜5:40ー頂上（北峰）9:40ー（南峰を往復）ー北峰10:45〜11:00ー山眺山11:50ー6合目避難小屋12:50ー（5合目見返台経由）ーバス停15:00

1章　北海道の百名山

利尻岳南峰（最高点）から北峰（三角点）を見る（1996年9月）

　天気予報は日中に降雨がないことを告げている。季節は9月の半ば、冬籠りの季節が近いこの島に明るさは少なく空の色はくぐもっていた。今日の登山は日帰りで行程が長いから鴛泊登山口の甘露泉までタクシーを使う。北海道本島とは違って利尻島にヒグマはいないと聞かされてきたが、帰途のフェリー上で耳にしたのは、これまで何人もの人がヒグマ二頭がならんで海峡を泳ぐ姿を見たことがあるという。それがまことであっても下山後に聞いたのでは後の祭りか幸運か、人騒がせな小耳にはさんだ話であった。

　登山口の甘露泉で宿が作ってくれた朝食弁当を食い、湧き出ている甘露泉をボトルに汲んで標高差1500mの登りに出発した。登りは稜線伝いの急な坂道、下山道もまた西の山腹を下る急峻な沓形道である。

　5合目あたりまで針葉樹林の中を登ってゆく。道はやが

て這松混じりの稜線に変わり、7合目から長官山までは傾斜のある灌木の道をゆく。長官山を過ぎるとしばらく緩やかになり、休むことなく登り続けて8合目に着いた。そこには小さな避難小屋があって荒天時は頼りにできそうだ。

　稜線上の小さなこぶを越えると道は傾斜を強めて崩れやすい土砂の斜面に変わった。その先に9.5合目の標柱が立つ三叉路があり、ここは今日の下山路になる沓形道への分岐点でもある。ここから残り僅かの間が急峻だ。崩れやすい斜面に2歩登っては1歩ずり下がるステップを繰り返して、ようやく三角点峰の北峰（1719m）に達した。祠が祀ってある山頂は適度に広く、近くにローソク岩が屹立する素晴らしい眺めが広がっていた。海岸から見上げたときは山の気配に圧倒されたが、頂上からの稀有の眺めは危険と苦しさを忘れさせてくれた。

　一息入れて最高峰の南峰（1721m）を往復する。南北二つの峰は短い距離を隔てる細尾根でつながり、途中に小さなキレット（V字状に切れ込んだ場所）もあって慎重に足を運ばなければならなかった。南峰に着いてにぎり飯弁当を開いた。海苔の香りが芳ばしくひろがる。なんてうまい飯だろう。熊の嗅覚を気にする必要もなくほおばる。

　北峰へ戻って下山にかかる。9.5合目の標識から西へ折れて沓形道に入った。崩れやすくて緊張を強いられる斜面を三点確保の姿勢を保ちながら慎重に下ったが、ここは注意が必要なところであった。9合目の小ピークには三眺山と書かれた札が立っていた。足元の不安定な道は8合目あたりで終わり、7合目の避難小屋であるコンクリート造

りのトーチカ型シェルターに着く。ここから見上げる利尻岳は朝の登路から眺めたときとは違って火山の形相が荒々しい。南稜もその陰にある鬼脇尾根も切り立った岩稜であり、軟弱な登山者の行けるところではなさそうだ。

　下山道は5合目から突如として車道に変わり海岸の沓形集落まで続いた。本数の少ないバスは私を拾ったあと空港に立ち寄り、鴛泊までの道を急いだ。

2　羅臼岳（1661m）

"北方領土"の四文字から思い浮かぶ島はどこだろうか。多くの人は国後島、択捉島、歯舞群島に色丹島の四島を思うであろう。日本政府は第二次大戦の敗戦処理において思慮が浅かったのか、戦後80年近く経った今もなお国後、択捉どころか歯舞、色丹の二島さえロシアから取り戻せていない。これらの四島は歴史的にアイヌ民族の島でありコーカサス族の領土ではないことを忘れてはならない。その国後島を指呼の間に望む知床半島の秀峰が羅臼岳である。かたや国後島には爺爺岳（1822m）、択捉島には西単冠山（1629m）という高山があり、晴天時には海を隔てて三山のそろい踏みが見られるという。

　私が訪れた2002年、知床半島はまだUNESCO世界自然遺産（World Heritage of Nature）に登録されていなかった。

2002年8月1日（木）　曇のち雨、単独行（「3　斜里岳」から続く）。
コースとタイム：岩尾別温泉 4:25－オホーツク展望台－弥三吉水、銀冷水経由－羅臼平－（石清水経由）－山頂 9:30～10:00－岩尾別温泉へ下山 13:30

　前日の7月31日に斜里岳へ登ったあと、私はオホーツク海に面した漁師町ウトロ（宇登呂）にやって来た。港からは明日登る予定である釣り鐘状の山頂を持った羅臼岳が見える。ウトロの先にある国立公園知床五湖まで車を走らせ行き止まりの岩尾別温泉に着いた。ホテルの名は"地の涯（はて）"、予想以上に大きな建物の国民宿舎は登山者で混雑していた。戸外に設営された男女入れ替え制の露天風呂で斜里岳の汗を流す。

　翌朝8月1日、ホテルの裏から登り始めた。出発前の予報どおりに雨が本格的に降り出した。汗を発散させるために雨具のファスナーを緩め、雷鳴を聞きながら臆せず灌木地帯を登る。雨中の登山も悪くはない。この日は下山するまで強い雨に降られなかったのは幸いであった。

　途中で「ヒグマ注意」の看板を頻繁に見かけたので、休憩や食事の時に食べ物の匂いが拡がらないように気をつかう。歩行中は10分ごとに熊避け用ホイッスルを吹いたが、それはツキノワグマを忌避しようと京都の北山で笛を吹く自分の姿でもあった。

　弥三吉水（やさきちみず）、極楽平（ごくらくだいら）を過ぎて清流と残雪を渡り、緩急織り交ざった斜面を登る。やがて登山道が粘土質から砂質に変

1章　北海道の百名山

羅臼岳山頂部　苔むす岩から滴り落ちる石清水（2002年8月）

わると霧に包まれた羅臼平へ到着した。人影のない十字路を右折して羅臼岳へ向かう。霧の切れ目から見上げる羅臼岳の北面は急斜面であり、登る途中に大きな岩があってそこから滴り落ちる岩清水で喉を潤した。晴天ならもっと美味しかろうにと思う。溶岩のあい間を縫って登り羅臼岳の山頂に着いた。溶岩塊が荒々しく積み重なった山頂である。昨夜の宿の混み方から予想して登山者は多かろうと思っていたが、見たところ山頂付近の人影は一組だけであり、岩陰にゴミ一つない爽快な山頂であった。

　雨雲が切れて短い時間だったが北東方向の展望が開けた。近くの三ッ峰から硫黄山（1563m）へ連なる山塊が視界に入ってきたが、その先に見えるであろうと期待した知床半島とその先は雲に隠れて見えなかった。

帰路は往路と同じ道をとって岩尾別へ下山した。もし仲間とテント持参で登っていたなら三ッ峰か銀冷水あたりで一泊していただろうが、それは叶わなかった。下山途中に二組の登山者グループとすれ違ったが、この山では人との出会いが心を落ち着かせるのは妙である。

　岩尾別に戻り風呂で汗を流す時間を惜しんで羅臼町へ向かう。国道334号との交差点を左折して西に向かう道は曲がりくねって登る知床峠への国道であった。土砂降りの中を羅臼町に着き、民宿「小倉」に荷を解いて露天風呂の"熊の湯"へ出かける。この湯は野沢温泉や草津温泉の"熱い湯"に匹敵するほど忘れられない湯加減であった。

　翌8月2日（金）は羅臼町から十勝岳の白金温泉まで移動して北海道出張を終えた植栗一剛さんと合流した。3日に十勝岳へ登る予定である。
（「7　十勝岳」へ続く）

3　斜里岳（1547m）

　北海道の山旅の途中で、または阿寒湖から屈斜路湖を経由してオホーツク海沿岸を旅するときに、南の地平線に長く裾を引く山が見える。それが斜里岳である。山頂近くまで草木に覆われた古い火山だが、近くに見える雌阿寒岳の猛々しさや知床の山と比べて気の休まる優雅な姿を見せている。私はこの山で、小さな沢登りを安全に楽しむことができた。

1章　北海道の百名山

2002年7月31日（水）　晴のち曇、単独行（「4　雌阿寒岳から続く）。
コースとタイム：清岳荘登山口8:00〜8:25－（登山路は谷道）－山頂11:30〜12:00－（下山路は新道の尾根道）－登山口下山14:30

　前日、雌阿寒岳へ登ったあと泊まった野中温泉を早朝に出発して、阿寒横断道路を経て川湯から斜里岳登山口のある山小屋"清岳荘"に着いた。駐車場で身支度を整える。
　この山の登降に要した時間は短かったが充実した登山が楽しめた。晴天であれば登路に谷道を選ぶことをぜひすすめたい。清麗な水の流れる渓谷がそのまま登山道になって

斜里岳登山道の一部は斜瀑である（2002年8月）

いるからである。鎖の架かった小滝がいくつかあり多少の緊張感は必要だが、強雨が降らなければ登路としては申し分なく安全である。谷道は美しいうえに、夏の暑さをしのげる楽しい登りであった。この道（旧道）は上部の上二俣で尾根道（新道）と合流する。そこからガレ場をひと登りすると稜線に出て、山頂まであと僅かであった。

　独立峰の斜里岳山頂からの眺めは抜群であった。足元から広がる裾野の先はオホーツク海、その先の見えぬあたりはロシア領である。日本とロシアの間で長く続いている政治外交の軋轢はさておき、私は山頂で、学生のころに憶えたロシア民謡を知らぬ間に口ずさんでいた。

　ゆっくりしてはいられなかった。湧き上がる積乱雲の彼方から雷鳴が聞こえてくる。谷道で出水に遭遇することだけは避けなければならないから、下山には尾根道をとった。上二俣から下部は這松の道となり、増水の危険は避けられたものの尾根道の末端は急坂であった。

　私は高山の草花の名をそれほど多くは知らない。花より風景や風の流れを楽しむ人間であるが、往路の谷道で顔にしばしば触れた花の香りと感触を忘れることはないであろう。

　清岳荘に戻って一休みした。あとは急ぐ必要もない、羅臼岳山麓へ移動するだけであった。（「2　羅臼岳」へ続く）

1章　北海道の百名山

4　雌阿寒岳（1499m）

　阿寒湖を東西から挟むように対峙する雌雄一対の火山である阿寒岳、雌岳のほうが標高は高く活発に火山性ガスを噴き上げている。阿寒湖の周辺は夏から秋にかけて修学旅行生で賑わう古くからの観光地であり、過ぎし日に修学旅行の土産品であるとクマの白樺一刀彫りを我が子から手渡されたとき、普段から細い私の目はいっそう細くなっていたらしい。

2002年7月30日（火）　晴ときどき曇、単独行（「6　トムラウシ岳」から続く）。
コースとタイム：野中温泉雌阿寒岳登山口10:15－雌阿寒岳山頂12:30～12:50－オンネトウ登山口15:00－雌阿寒温泉16:00

　トムラウシ岳から下山した日も再び大雪荘に泊まる。翌朝早く宿を出て雌阿寒岳の麓にある野中温泉まで移動し、ユースホステル（YH）前に車を止めた。そこから東へ少し戻ると登山口があり針葉樹林帯に入る。しばらく登ると5合目、このあたりから林相は変化して火山地帯となり、立木の少ない砂と石の坂道になった。坂を登り切ったところが9合目、脚下に爆裂火口が大きく口を開けている。その先から時計回りに火口壁をたどると雌阿寒岳の山頂に着いた。轟音を響かせて硫化水素を含んだ毒性ガスが火口内

壁の割れ目から噴き出ている。風向きと噴気量次第では登山禁止になる日があると宿は注意を呼びかけていた。

　山頂から火口壁沿いに南下する。草も生えない裸の地表をむき出した峠があり、直進すれば阿寒富士（1476m）への登りに続くが、今日は登りはじめた時間が遅かったからその登山を諦めて、峠から右へオンネトウ方面に下る。砂礫の道を下ってゆくと裸の地相は這松地帯に変わり、続いてエゾ松の深い樹林帯に入った。昼なお暗き森を抜けるとそこはオンネトウの池畔であり、もう一つの登山口標柱が立っていた。

　池畔に沿って時計回りに歩いてゆくと道は広くなりながら池を離れて野中温泉へと続いていた。YHの湯で足指にできたマメを治療する。

（「3　斜里岳」へ続く）

5　大雪山（旭岳2290.3m）

　水草の菱ならその実の中心か、それとも揚げ凧なら張り紐の結び目か、または蝸牛の殻の中心か、それが北海道の地図上に見る大雪山の位置である。道庁がどこにあろうと北海道の中心は大雪山であり、その四季を描くときに大雪山は欠かせない。中谷宇吉郎博士とW.S.クラーク博士に憧れていた頃の私は北大へ進学することも考えていたが、それは大雪山に魅かれていたからでもあった（登山2回）。

①1983年8月30日（火）　単独行、天気は良好。札幌で開かれた学会討論会のあとで登る。

　姿見の池から旭岳へ、さらに間宮岳からお鉢平の周りを馬蹄型にめぐって歩いた。途中で北鎮岳(ほくちんだけ)を往復したあと黒岳まで一般縦走路を歩いたが、すでにナナカマド（七竃）が大粒の黄・橙・緑の実をつけ紅葉の季節を待つ姿を見て、北海道の秋が早いことを知る。

②1991年9月26日（木）　晴、Curt Wentrup氏と二人行。

　札幌で開かれた二つの学会に出席したあと登る。知人で豪州ブリスベーン大学教授のWentrup氏がその学会へ招待されたのを機に大雪山へ登りたいと伝えてきたので同伴することになった。

コースとタイム：旭岳温泉ロープウエー上部駅8:00－旭岳10:00－間宮岳－北海岳－（お鉢平経由）－黒岳小屋－黒岳リフト駅－（リフトとロープ）－層雲峡17:00

　昨夜に初冠雪した大雪山は2000mから上を雪化粧していた。ロープウエーで姿見池まで上がり整備された登山道を登る。溶岩が露出した緩やかな草地から上部は砂礫の山の背となり、登るにつれて傾斜は強まった。左の地獄谷から噴気の音が大きくこだまして聞こえる。

　金庫岩の右下には高層湿原が広がっていた。そこは吹雪のときに迷い込みやすいらしい。むかし、ここへ迷い込んだ登山者が倒木をSOSに並べて救助を待ったが、その甲斐なく遭難したと聞いていた。私たちはこの岩から左へ登

って薄雪に覆われた旭岳山頂に着く。広々とした景色が四方に広がり登山者が数名いた。東のお鉢平の縁には間宮岳が裾を広げて水蝕された斜面を初雪がギャザースカートのように飾っていた。

　旭岳を東へ下って間宮岳へ登りなおすと脚下にお鉢平の火口原が広がった。その草原にゴマ粒ほどの黒点が動いているのを見て登山者たちが騒いでいる。無理もない、ヒグマである。ヒゲ面をした連れはデンマーク生まれの豪州住まいだが、まだ熊を見たことがないと興奮している。だが熊のほうは悠然としてほとんど動かない。野生のブルーベリーを食べに外輪山を越えてお鉢平へ出勤してきたのであろう。居合わせた登山者たちも私たちと同じく、ここから北海岳を経てお鉢平の裾を横切る予定らしい。"大声で話しながら皆で渡れば怖くない"とどこかで聞いたような言葉を掛け合っていた。

　ブルーベリーが熟れ残ったお鉢平の南端、そこに残されている熊が遊んだ生々しい土俵の跡を横目で見ながら、登山者たちは足早に通り過ぎて黒岳小屋に着いた。さらに黒岳を過ぎてトリカブトの青い花が咲き残った灌木の斜面を下り、7合目のリフト上部駅に着く。層雲峡の谷底まではまだかなりの高度差が残っていたから、足指に痛みを覚え始めていた私たちは助けに舟と揺れるリフトに乗った。

　翌朝、大型台風19号が接近中との注意報を聞く。

6　トムラウシ岳（2141m）

　かつて関西在住の者には、北海道の山へ出かけることは海外旅行なみの準備と決意が必要であった。山がどれほど心を惹きつけようと、また、勉学や仕事からどれだけ時間を削り出すことができても金策だけはどうにもならず、北へ向かう大阪発の夜行普通列車も青森止まりであった。このように大学生だった私には北海道は外国も同然であり、それは社会人になっても変わらなかった。だから北海道で学会があると、発表の準備と同時に交通費を工面して休暇をとり、発表が済んだあと山へ登った。

　時は流れて、2002年に定年を迎えた私は多くの仕事から解放され、好機到来とばかりその年の夏に、北海道の百名山6座を一気に登ろうと思い立つ（「8　幌尻岳」参照）。振り返ると、在職中の私は長期休暇とは無縁の月日を送っていたことに気がつき途惑いを覚えた。

2002年7月29日（月）　晴のち曇、単独行（「8　幌尻岳」から続く）。
コースとタイム：大雪荘－（車）－短縮登山口4:35－（カムイ天上）－前トム平8:30－（トムラウシ公園、南沼分岐点）－トムラウシ岳山頂10:40～11:10－登山口16:00

　27日に羽田を発ち、千歳空港からレンタカーを駆って最初に向かったのは幌尻岳であった（記録は「8　幌尻

岳」)。続いて向かったのがトムラウシ岳である。国道274号を走って日勝(にっしょう)峠を越え、新得町から十勝川を遡りトムラウシ温泉の国民宿舎東大雪荘へ着いたとき、辺りはすでに暗闇だった。人間とは出勤時間が逆の熊の親子連れに大雪荘近くの林道で出くわして驚いたが、到着した宿舎は登山者で混雑していた。

　明けて29日、今夏で最も長い行程になるであろうと予想していたから、時間的余裕を見て早朝に出発する。登山口は宿から車で近い距離にあった。

　この日のコースタイムはガイドブックによって記述が異なる。理由の一は、登山道が粘土質のために天候によって所要時間が大きく変わるからであろう。雨が上がってもぬかるみが酷く、とくにカムイ天上からコマドリ沢出合までの道はとても滑りやすい。理由の二は、コマドリ沢出合から１時間ほど登る急坂である。幸いこの日は雨が降らなかったが、滑りやすい草付きの登りは容易ではなかった。沢を離れて１時間ほど登った台地のことを前トム平と呼ぶらしいが、ここから傾斜は緩み右手にトムラウシの山頂が見えてきた。テントが張れる平地のあるトムラウシ分岐から右折して岩礫の詰まった道を登ると広い山頂に着いた。ガスの出やすい天候だったが山頂からの展望は美しく、視界は大雪山まで広がっていなかったが問題はなかった。岩を敷きつめた山頂部から豊かに残雪の残る稜線を眺めながら、私の疲れは癒されてゆく。

　下山も往路と同じ道をとり、滑りやすい道に悩まされながら登山口に戻った。

(「4　雌阿寒岳」へ続く)

7　十勝岳（2077m）

　いまなお成層火山として活動を続ける十勝岳の周辺は、日高山脈中央部の東西に広がる北海道の代表的な農業生産地の富良野高原である。ここから全国へ出荷される大地の恵みは馬鈴薯、キャベツ、玉葱にとどまらず、メロンなどハウス栽培果物にワインやラベンダー油と驚くほど多種多様であり、家庭料理に興味がある私はこの食材大生産地をいちど山から眺めてみたいと思っていた。

2002年8月3日（土）　薄曇、植栗一剛さんと二人行（「2　羅臼岳」から続く）。
コースとタイム：望岳台駐車場4:50－十勝岳山頂8:10－（鋸岳経由）－美瑛岳11:10－望岳台へ帰着14:30

　前日の2日に知床半島の羅臼町から道央の十勝岳高原へやってきた。植栗一剛さんと十勝岳へ登るためである。植栗さんは大阪ガスグループ・京都リサーチパークで環境関連技術を采配するグループリーダーであり共同研究の仲間であった。
　白樺荘から望岳台まで車で移動したあと歩きはじめた。望岳台から上部の山地は植生が育たない溶岩台地である。昭和期に大噴火を起こしたあともなお火山活動を続ける十

十勝岳で出会った北キツネ（2002年8月）

勝岳であるから、植物が育つ暇もないのであろう。道はその火口原の縁に沿って登ってゆく。雲ノ平分岐点を過ぎて傾斜が強まり、噴気を上げる昭和噴火口を見おろす稜線に登りついたがなおも道は続いた。

　山頂では360度の展望が待っていた。西の視界は一面富良野平野によって占められ、農産・畜産が豊かであることが見て取れる。我が家の台所にも富良野の農産物があったことを思い出しながら一休みした。しばらくして腰を上げ、北東に延びた主稜の上を美瑛岳目指して出発した。昭和の大噴火を生き延びた草本が遠慮がちに可憐な花弁を開いている。美瑛岳の登りにかかって左から岩稜が迫ってくると三叉点の標識が立っていた。北へ直進すればトムラウシ岳を経て大雪山へと続く道だが、私たちは西へ折れて溶岩塊の重なる山の背を登り美瑛岳（2052m）に着いた。そこは十勝岳から来た縦走者と昭和噴火口のある火口原から

登って来た者が出会う山頂であった。

　山頂から西へ急斜面を下がる。美瑛富士への道を右に分けてさらに下がると水の流れる谷に出た。そこから雲ノ平分岐点まで、火口原を遠巻きに歩く道は路傍の花がきれいであった。

　望岳台に戻り、今夜の宿の十勝岳温泉まで車を走らせる途中で吹上温泉の露天風呂に立ち寄った。そこは屋根もなく男女の別もない湯舟が一泉だけの野趣に富んだ温泉であり、折しも降りはじめた雨が湯面に激しく雨脚を立てていた。

　翌4日、平取町(びらとりちょう)アイヌ文化館を訪れて夏祭りを見物し、9日間の長い山旅を締め括った。そのあと私は北海道の山を訪れていない。

8　幌尻岳（2052m）

　世紀が改まるまで、私は百名山の登山にそれほどのめり込んではいなかった。それ以前は、生活の中に山歩きの占める割合は精神的には小さくなかったが、時間的また肉体的には余裕がなかったからである。いろいろな制約の中で工面しながら登っていたが北海道の山はやはり遠かった。

　それでもいつしか登った百名山は70座を超えていた。それを知ったとき私は落とし穴に嵌まる。同時に百名山ブームに対して抱いていた抵抗が綻び始めた。

　2002年に大学を退職した私には自由に使える時間が増えた。そこでまず北海道の百名山9座のうち未だ登っていな

い6座を一気に歩こうと計画を立てた。それは幌尻岳（山番号8）を嚆矢にトムラウシ岳（山番号6）、雌阿寒岳（山番号4）、斜里岳（山番号3）、羅臼岳（山番号2）、十勝岳（7）と続けて登るものである。

2002年7月27日（土）　晴、単独行。
コースとタイム：駐車場13:05－北電取水口14:30－（渡渉が続く沢道）－幌尻山荘16:15

　東京での用務を前日に済ませたあと羽田発一番で千歳へ飛んだ。車で日高町の糠平川沿いに幌尻岳の山麓へ向かい、車止めゲート前に駐車した。ここから、再び訪れる機会はないであろう日高の山歩きを始めるのだと気を引き締める。

　糠平川沿いに林道を1時間半歩くと北電取水口のある林

超満員だった幌尻山荘（2002年7月）

道終点に着いた。そのあと浅瀬の渡渉が続いたが、このルートは大雨が降ると閉鎖されるに違いないと心配する。渡渉中にいくつかの下山グループとすれ違ったあと川岸に建つ幌尻山荘に到着した。

　そこは堅固な作りの大きな無人小屋であったが、すでに先着者たちですし詰めの状態である。旅の出だしから百名山ブームの洗礼を受けるとは驚いた。小屋の中は寝袋1つ拡げる隙間もなく、床下の薪炭貯蔵庫も登山者で埋まっていた。なんとか頼みこんで、隣と背中合わせの眠りを得る床面を得たが、そのとき使った懇願用のキーワードは"外にはヒグマが……"であった。

7月28日（日）　晴
コースとタイム：幌尻山荘出発4:25－幌尻岳山頂8:35～9:00－（往路と同じ）－幌尻小屋11:40～12:00－出発ゲート駐車場15:10

　寝不足の目をこすりながら小屋を出るとすぐに急登が始まる。山腹を登って稜線に出たあとも急坂が続いた。給水ポイントの"命の水"を過ぎてなおも登り続けると、左手に幌尻岳の北カールが広がった。そこはヒグマの棲み家に違いないと気を引き締めたが熊も人間の多さにおったまげていることであろう。カールを取り囲む尾根を反時計回りに登って山頂に達した。思った以上に蒸し暑い天候と睡眠不足のためか私は初日から疲れていた。

　幌尻岳山頂からの眺めは日高山脈の盟主にふさわしいも

のであった。道央を南北に貫く日高山脈が木造船の竜骨（キール）のようにうねって見える。夏の湿った大気にかすんで見えない北方の大雪山系は、標高が高くまた高原も広いから登山者は多いであろう。それに比べて幌尻岳とその周辺の山は標高が200mほど低いが、谷は深くて人跡稀な険しい秘境ばかりである。しかし幌尻岳の周辺だけは賑わっているからなんとも奇妙な光景であった。熊の眼にはサファリパークに放たれた人間たちのように映っているに違いない。

　山頂から日高の山波を眺めながら空港で買ったパンを喰らい、下山ルートを思案した。はじめは戸蔦別岳(とったべつだけ)を経由する下山ルートを考えていたが、それでは今夜も幌尻山荘泊となり日程の遅れにつながるから、結局、往路と同じ道を下ることにした。日高山脈の大きな山波に名残を惜しんで幌尻山荘まで下り、再び渡渉を繰り返して車をとめておいた取水口に戻る。幸い大雨で小屋に閉じ込められることもなかった。いまもなお日高の山は、山の彼方の空遠く私の後ろ髪を引くように佇んでいることだろう。（「6　トムラウシ岳」へ続く）

9　後方羊蹄山または羊蹄山（こうほうようていざん、ようていざん、しりべしやま）（1898m）

　蝦夷(えぞ)富士の別名を持ち、その名に恥じない美しい裾野を引くこの円錐型の山は、小型富士と呼ぶには立派すぎる。

私が最初に登った北海道の百名山はこの羊蹄山であった。山の西側には鉄道が通り人の生活圏もある。だからヒグマは住んでいないとどこかで聞いてはいたが、すれ違う登山者はみな鳴り物を携行しているではないか。私も例外ではなかった。ほどほどに臆病で注意深いのは良いことであろう。

1987年6月29日（月）　小雨、単独行。
コースとタイム：比羅夫登山口8:20－山頂12:15－（外輪山一周）－比羅夫道9.5合目－登山口へ下山15:35

　札幌市で開かれた環境科学関連の学会へ参加するのを機に二日間の休暇をとった。初日に樽前山へ登ったあとニセコ昆布温泉に泊まり、翌朝、羊蹄山の西麓にある半月湖から歩き始めた。

　後方羊蹄山は典型的なコニーデ型（[ドイツ語] 円錐形）の火山で美しい山だ。傘を片手にして比羅夫登山口から山道に入るとすぐに半月湖への分岐があったが、それを見送りしばらくなだらかな道を登る。やがて傾斜が増してジグザグ道になった。あいにくの小雨とガスで展望がきかないが、雨と汗に濡れながらひたすら登る。ありがたいことに粘土質の道ではないから登りやすい。登山口の標高は250m、山頂は1900mだからその差は1600mほどあり、富士山の富士宮口4合目から頂上までの標高差とほぼ同じである。この古い火山は8合目まで林に覆われており展望はきかなかったが、上部は岳樺の多い樹林帯となり、樹間と

雲間を通して倶知安方面が時折見えている。

　山頂が近くなると這松が見られるようになった。避難小屋分岐点から上部はお花畑になったが、小屋には寄らずに草つきの斜面を登って外輪の縁に達したあと、さらに進むと山頂に到達した。お釜をとり囲む垂直に近い岩壁が雨まじりの霧を透かして見えている。寒さで長居が辛くなり身体を動かしたかったから、私はお釜巡りの岩道をペンキ印に導かれて巡りはじめた。エゾコメツガザクラなど蝦夷地固有の高山植物を鑑賞しながら1時間かけて巡り終わると道は登路に合流した。下山は往路と同じ道を下る。なお、このコースに水場はなかったようだが雨天で見落としたのかもしれない。

ひと休み (1)
なぜ山を歩くのか

　私は長野県の山懐に近い町に生まれました。だからでしょうか、父母と4人の兄弟姉妹に囲まれて遊び仲間も多かったまちの生活をひととき離れ、人の住むところよりはるかに広くて高い場所に好奇心を抱いたのは子供として自然なことでした。

　周りを見回すとき、子供の視線はふつう上を向きます。そこには自分の住んでいる世界を囲む高い山があり、そこを越えると未知の地がある。山の上には何が生え、その先には何が見えるのかと心が広がります。

　大人に訊ねると、興味なさそうな返事のあとに"しんどいわね"で締めくくります。いま思えば大戦前後の生活は大人にとってそれは大変だったのです。山で柴を刈り朝晩煮炊きする燃料を得る一方で山裾では開墾して芋を育てていましたから。でも子供はたいていそうは思ってはいません、見えないところに好奇心が向くのは子供の本性ですから。その見えないところに憧れて自分探しをする子供たちは、大人ほど危険を意識せずに前へ進みたがる小さな命だからでしょうか。

　山登りは大人になっても衰えを知らない好奇心を満たす活動と言えましょう。好奇心の対象は人によって異なりますが、田舎でそれを満たせる場所の一つは山です。山といっても千差万別ですが、共通するのは、そこまで歩いて行って新しいことを発見する喜び、身体を使って疲れて満足

して帰る、ということでしょうか。単純ですが、こうして明日への活力と自信を自分で掴んだ気持ちになります。
　言い過ぎるつもりはありません。あとは山歩きの好きなあなたが知っていることですから。

2章　東北の百名山
山番号　10〜22

10　岩木山（1625m）

　昭和初期の作家・太宰治は誕生月日が私と同じである。五所川原市に生まれた太宰は朝な夕なに岩木山を眺めていたに違いないが、私が読んだ数少ない彼の作品中にこの山の名がどれだけ出てきたのかは寡読の私に言えることではない。自然の風物より人間関係に関心があった作家という先入観を持って作品を読んでいたのであろう。深田久弥は太宰の作品中にでてくるこの山を紹介している［文献2］。太宰が描いた頃の日本はようやく登山に目を向けはじめた頃だったから、関西から普通列車に揺られて岩木山や八甲田山へ登りに来る若者は少なかったに違いない。

　岩木山は弘前市の西にある火山で最近は江戸末期に噴火した記録が残っている。周りに目立った高い山はなく、津軽富士と呼ばれる均整のとれた立ち姿は、近くの世界自然遺産に登録された白神山地の寝姿とは対照的である。

1961年8月11日（金）　雨ときどき曇、単独行（「14　早池峰山」から続く）。

　この年の夏、大学院1回生だった私は、渋い顔を隠そうとしない指導教官から長期の夏季休暇をもらって東北の山旅に出た。旅も終盤になり早池峰山から下山した私は、岩

木山麓の南西に位置する嶽(だけ)温泉へやってきた。そこは古くからの湯治場、ドライブウエーがまだない頃であった。

　降り止まない雨の中を嶽温泉から荒れ地と森をぬけて登ってゆく。やがて傾斜が強まって草付きの低灌木帯となり、山頂部の一角をなす鳥海山（1502m）に達した。雨に霞んだ霧の中に無人の避難小屋が建っている。そこから霧で周囲が見えない岩だらけの道をひと登りすると、岩木山神社を祀る山頂（1625m）に達した。岩陰でしばらく天候の回復を待っていたが晴れる気配がなかったので、後ろ髪を引かれる思いで頂上を辞した。嶽温泉道から左へ分かれて、表登山道を一気に百沢口まで長い道を下る。岩木山神社本宮の鳥居をくぐり弘前行きのバスに乗った。この日に登降した標高差は登りの1200mと下りの1400mであり往復に7時間も要したが、思えば後日、初秋の白神山へ登ったときも雨天であった。

（「11　八甲田山」へ続く）

11　八甲田山（大岳1585m）

　世界の登山史上最も犠牲者の多い199名の命が失われた冬季山岳遭難事故から1世紀以上が過ぎた。映画「八甲田山」の舞台となったこの山は、冬山の厳しさと恐ろしさを伝える一方で、その豪雪と巨大な樹氷群が人々を惹きつけている。人の死もまた観光の対象にしてしまう今の時代なのだ。夏になると八甲田山の大雪原は深緑のトドマツの森

と高層湿原に変化して観光客を呼び寄せ、南に位置する十和田湖と奥入瀬渓谷を合わせて昔から日本の代表的観光地の一つになっている。私が訪れたのは新田次郎著『八甲田山死の彷徨』の刊行より10年も前の夏であった。

1961年8月12日（土） 曇、単独行（「10　岩木山」から続く）。

　岩木山麓から弘前を経由して八甲田山麓の酸ヶ湯(すかゆ)へやってきた。ここは湯治を目的とした長期逗留客が多い温泉と聞いていたが、山深い八甲田の山中にこれほど大きな湯治宿があることに驚いた。また、ここの混浴風俗については人伝に聞いて普通に関心があったが、見るのと聞くのとでは随分違うものだ。手元にある擦り切れた私のメモ帖には"薄暗い裸電球の下、形而下に男女を隔てる大浴場は期待外れであった"と記されている。敗戦後16年、当時の男子大学生が持っていたジェンダー観は、親から受け取った倫理観との間でさまよっていた。

　翌朝、酸ヶ湯から仙人岱(たい)を経て八甲田大岳を目指す。登山道はアオモリトドマツ（オオシラビソ）の森の中を、大岳と硫黄岳の鞍部にある仙人岱湿原へと続いた。この道は当時から多くの登山者が行き交っていたが雨続きのためにぬかるんでいた。さらに湿原を登ってゆくと樹林はまばらになり、分岐点を左折して大岳に向かうと灌木と喬木(きょうぼく)が入り混じる草原に変わった。きのうまでは雲と雨の中を歩く日が多かったが、今日は久しぶりに青空がのぞいている。大岳山頂に到着した。ここから『死の彷徨』に登場する田

代岱方面が展望できるはずだったが、そこは雲に覆われていた。それにかわって近くにトドマツの森に囲まれた大岳周辺の湿原が広がっていた。

　当初の下山予定は脚下に見えている大岳ヒュッテへ下ってから毛無岱を経由して酸ヶ湯へ戻るものであったが、早めに下山しなければならい事情ができたため往路を戻った。当時の八甲田山にはまだロープウエーがなく、国には新幹線も走っていなかった。

12　八幡平（1614m）

　奥羽山脈は八甲田山の北で陸奥湾へ滑り込むように姿を没する。その八甲田山から南へ十和田湖を隔てて盛り上がっている山地が八幡平（はちまんたい）である。標高1600mを超える高さに広大な高層湿原を抱えている山はそれほど多くはないが、八幡平はそれに加えて山頂らしいピークを持たないのが特徴かもしれない。だから、晴れた日の春山スキーが素晴らしいのはいうまでもないが、一転して吹雪になるとホワイトアウトで道を見失う危険が高くなる。

　八幡平というおおらかな山名に魅かれて私が訪れたのは1961年の夏であった。そこで私は大里祐一さんと出会う。当時の大里さんは東北大学医学部生であった。のちにご尊父から秋田県鹿角（かづの）市の病院を引き継がれて大きく発展させる傍らで、秋田県山岳会派遣のヒマラヤ・ヒンズークシ山脈登山隊員として活動された登山家でもある。また秋田県

2章　東北の百名山

八幡平山頂の稜雲荘と彼方は源太森（1962年3月）

議会長を務めるなど、現在もかくしゃくとして地域医療のために献身しておられる私の尊敬する人物である（登山4回）。

1961年8月8日（火）　曇一時雨、単独行（「13　岩手山」から続く）。
コース：三ッ石山荘－大深岳－畚岳分岐－八幡平（八幡沼）－大深温泉

　三ッ石山荘を出てトドマツの黒い森が続く笹尾根を北に向かう。岩手と秋田の県境にまたがる奥羽山脈は長々と続き、いつ山の獣と出くわしても不思議ではない世界であった。
　嶮岨森（けんそ）、諸桧岳（もろび）、畚岳分岐（もっこ）のピークを越えて、笹原に特有の黒くぬかるむ道を歩き続けると、藤七温泉小屋（とうしち）を右に

見たあと八幡平山頂の太い標柱が立つ展望台に到着した。そこは山頂というより丘の上であり、周りにはトドマツの森と高層湿原が広がっていた。脚元には水を青く湛えた八幡沼と山小屋の稜雲荘が見える。小屋の先に見える僅かに隆起した源太の森がこの高原が山であることを主張していた。冬になるとこの一帯は広大な雪原に変わり、植生はすべて雪の下に埋もれてしまう。南に目を転じれば、松川地熱発電所の熱交換塔から水蒸気が立ちのぼり、その先には昨日登った岩手山が長く裾を引いていた。

　当時の八幡平にはもちろん観光道路のアスピーデラインなどはなく、登山者の姿も少なかった。ただ山頂から四方へ通じる山道があり、どの方角へ下っても温泉はあった。私は地図上に♨マークが多い西への道を選んで樹林帯を緩やかに下る。1時間ほどで尾根が途切れて蒸の湯が現れた。一見して客が多そうだ。敬遠して近くを探すと大深温泉の名があったのでそこへ向かう。

　蒸の湯から南へ低い山の背を越えたところに大深温泉はあった。宿泊棟と平屋の蒸け小屋に湯屋という小さな温泉宿である。荷を解いて温泉小屋の白い硫黄泉につかっていると、まどろむ間もなく髭面の大きな目をした大男が入ってきた。

　男性は湯につかるなり「どこから来なさった？」との第一声、それが大里祐一さんとの出会いであった。彼は温泉主の伜と名乗り、夜には酒を酌み交わして意気投合する。その席で、翌年3月には小屋の雪下ろしに京大WV部員を連れて再訪すると約束する。話の弾みとはいえ、若者に

大深温泉を掘り起こす。雪の下には本棟の大屋根が(1962年3月)

とっては"乗り越えなければならない壁は常に低い"ことを知った夜であった。

　大深温泉への雪下ろし隊派遣は翌春から始まり数年間続いた。八幡平と京都の距離は若者たちにとってそれほど遠くはなかったのである。大里さんとの交流は続いている。
(「14　早池峰山」へ続く)

13　岩手山 (2038m)

　盛岡市内から視線を北に転ずれば、奥羽山脈と北上山地の雨を集めて流れる北上川、その左に裾野を引く岩手山が目に入る。その奥には八幡平がある。岩手山は奥羽山脈から東へ張り出した支稜の先に噴き出した活火山、陸奥地方の最高峰であり、東側から見た姿がとくによい。どちらかとい

えば東の北上山地を愛した石川啄木や宮沢賢治だが、西の岩手山への思いも記している。

　この山は20世紀末に火山活動を再発して一時登山禁止になったが、山の北西にある松川地熱発電所は正真正銘の再生可能エネルギーを産み出し続けている。

1961年8月5日（土）　曇のち雨、単独行（「17　大朝日岳」から続く）。
　秋田駒ヶ岳へ登るために三日間逗留した乳頭温泉郷の蟹場宿(がにばやど)を出て、きのう歩いた田代平湿原(たしろたい)への道を再び烏帽子岳（乳頭山）まで登りなおした。そこから奥羽山脈を横断して岩手県側の滝ノ上温泉まで下る。温泉の上流にある葛根田川(かっこんだ)発電所からの放水量が減っている季節だったので滝の水は少なかった。吊り橋を渡って対岸に取り付き、下っただけの標高差を再び三石峠まで登り返す。無人小屋の三石山荘は雨の中だった（同宿者3名）。

8月6日（日）　雨
　雨脚が強くなり沈殿日と決める。同宿の近藤宏太郎さんと話が弾んだ。東京豊島区に住む売れない画家であると自己紹介した彼と一日中語りあかす。翌日、彼とは行き先が違うので別れたが、後日、池袋に彼を訪ねたこともあり、年賀状を交換する交流が50年も続いた。受け取った数々の創作版画は私の宝物である。

8月7日(月)　曇ときどき雨

　雨は上がりそうに見えたので小屋を出た。三石峠から東へ伸びた尾根の先端にある岩手山まで行き、陸中岩手の秀峰から北上川の流れを見下ろしてみたいと思ったからである。

コースとタイム：三石山荘 5:10－犬倉山－黒倉の肩 8:00－(カルデラ経由)－不動平－薬師岳(最高峰)10:30－(復路は鬼ヶ城尾根経由)－三石山荘14:40

　しかし残念ながら山は一日中雨と雲の中だった。せめて往路の左側に松川地熱発電所が見られるだろうと期待したのだが報われず、ぬかるんだ山道のアップダウンを繰り返す。トドマツの森を抜けて黒倉山を通過し、切通から左のカルデラの底へ下ってはみたが周囲の景色は見えてこなかった。カルデラの雪渓を登って山頂の肩にある不動平へ着く。そこには避難小屋があり風が吹きぬけていた。さらに内輪丘を左へ回るように登って最高峰の薬師岳に達した。晴天なら展望の素晴らしさは言うまでもないだろうが、北上川と盛岡市は霧と雨の底に沈んでいた。"想像は見るよりまさる"と悔しがる。

　復路は不動平から外輪山ルートを選んで痩せた尾根の鬼ヶ城ルートを下った。切通で往路と合流して三石山荘へ戻る。すでに八幡平まで行く時間は残っていなかったから今夜も三石山荘泊まりであった。

(「12　八幡平」へ続く)

14　早池峰山（1917m）

　北上山地の最高峰である早池峰山は、近代になって山岳愛好家のメッカになった。宮沢賢治や石川啄木の作品が若人の心を惹きつけるように、早池峰山は高さだけでなく、この山に咲く固有種のハヤチネウスユキ草が登山者の心を惹きつけて離さないからである。この山草はアルピニスト憧れの花として知られ、欧州アルプスのエーデルヴァイスに極めて近縁の薄雪草として特別天然記念物に指定されている。この花を愛でるために多くの登山者がこの山を訪れるが私もその一人であった。

　深田久弥の日本百名山にはこの山は"早池峰"と書かれており、語尾に"山"を付けないとある。おそらく"峰"のあとに"山"を付けると二重表現に見えるからであろう。けれど私は、"早池峰"の三文字を固有名詞として、そこに"山"をつけて"早池峰山"と呼びたい。もしも"早池"の二文字が地名にちなんでいるなら考え直すこともあろう。同様に木曽御嶽も"御"だけでは固有名詞にならないから、"御嶽"を固有名詞としてそこに"山"を加え"御嶽山"と呼ぶのがふさわしい。深田久弥も御嶽山と呼んでいる。結果として"山"は"さん"と発音されるから、早池峰さん、御嶽さん、と柔和で優しい呼び名になる。ちなみに朋文堂刊『東北の山々』（昭和37年）［文献5］には"早池峰山"と記載されていた。

1961年8月9日（水）　単独行（「12　八幡平」から続く）。

　昨夜、大深温泉で大里祐一さんと交わした約束を心に収めて早池峰山の北麓にやって来た。北登山口に近い国鉄山田線の平津戸駅に着いたときすでに夕暮れだったので、営林署の宿舎に泊めてもらう。

8月10日（木）
　宿舎を出てから盛岡側へ少し戻ると閉伊川を渡る橋があり、そこから御山川沿いに静かな裏登山道を歩く。支流をいくつか渡って握沢に入り谷道は続いた。やがて流れを南へ渡って早池峰山の北尾根に取り付く。五合目で吉部川から登ってくる道を合わせたあと尾根道は山頂部まで続いた。森林限界が切れてようやく早池峰山頂に到着する。岩塊が群羊のように散在する山頂部には草原が広がり、岩陰に他の山草に混じって特別天然記念物ハヤチネウスユキ草がひそやかに咲いていた。

　白い産毛に覆われた萼片を広げて、中央に黄色い花芯を据えたこの山草が岳人憧れのエーデルヴァイスである。少し正確にいうと、欧州アルプスの薄雪草にもっとも近縁の日本の薄雪草であるらしい。少女のうなじをおおう産毛のように光を透かして揺れるその姿は、私の心を陶酔させた。欧州の山をまだ訪ねたことがなかった私にはこの一刻がスイスの山旅にも等しかったのである。

　「ウスユキ草一本2万円」と書かれた看板があちらこちらに立っている。売り値ではなく、"罰金は高いぞ（当時)"と警告して盗採を戒める立て札であった。不埒な登山者や

悪質な花盗人が絶えないお国事情が嘆かわしい。"しっかり対策せんとか"と宮沢賢治の声が聞こえてくるようであった。

　山頂から石だらけの道を下って河原坊についた。さらに幅広の岳川谷の道を岳の村まで急ぎ、花巻行のバスに乗ると、車中で早池峰神社氏子代表と名乗る地元の男性から早池峰山の案内パンフレットをいただく。そこには賢治の一文が載っていた。

「ねこそげ抜いてゆくような人に限ってそれを育てはしないのです。ホントの高山植物家なら時計皿とかペトリシャーレをもってきて眼を細くして種子だけ採ってゆくもんです」
「魅惑は花にありますからな」
「魅惑は花にありますだって、こいつはずいぶん驚いた。そんならひとつ君は魅惑のあるものをなんでも採集するんだな。袋をしょってデパートへ行って魅惑のあるものを片っ端から採集してそれで通れば結構だ」
「けれどもここは山ですよ」
「山ならどうだというんです。ここは国家の保安林でいくら巓から抜け出ていても月の世界じゃないですからな。それに第一、常識だ。新聞ぐらい読むものならみんな判っている筈なんだ。ぼくがここから顔を出してちょっと一言ものを言えば、もうあなたがたの教養は手にとるようにわかるんだ。教養のある人なら必ずぴたっと顔色が変わる」
「わざわざ山までやってきてそこまでいわれりゃ沢山だ」

「そうです。ここまでくる途中には二か所もわざわざ札を立てて、とるな！　といってあるんです」

(「10　岩木山」へ続く)

15　鳥海山（2236m）

　日本海から立ち上がって高さと容姿を競う山の代表は、西に大山、東に鳥海山の二山であろう。そのむかし、大阪発青森行きの普通列車に乗って旅したことのある若者には、鳥海山は忘れがたい車窓の山である。ちなみに、私が鳥海山へ登る直前の3月下旬に忘れられない出来事があった。京大WVの仲間が鳥海山へ春山スキーに出掛けて吹雪で下山できなくなり雪中露営した。翌朝、全員無事に下山したが、このことが遭難事故として紙上に報じられたため、私を含む留守宅本部は大騒動したのであった。

1962年7月29日（日）　晴、単独行。
　その騒ぎが収まったあと、私は以前から計画していた鳥海山と月山（がっさん）へ登るために京都を発った。初日は吹浦海岸から大平登山口のある山荘まで林道を歩き翌朝早立ちする。水を豊かに湛えた鳥ノ海は七合目にあり、その近くの御浜小屋までの登りは整備された歩きやすい道であった。登る背後に日本海が広がり、背に翼を広げて風をつかみ鳥人になって飛んでみたい気持ちに駆られた。

神社を祀る御浜小屋から上部は高山植物が競うように咲く高原であり見飽きることがなかった。扇子の森ピークを越えて外輪の内側へ下がると、そこは雪が豊かに残る千蛇谷であり、その雪渓を遡って御室小屋に着く。さらに溶岩塊が散立する合間を縫って登りつめると最高峰の新山に達した。雲の切れ間から酒田市が見えているが、西と北はガスが巻いて展望は得られなかった。

　しばらく休憩したあと帰路は新山の南から外輪山に沿って下る。伏拝(ふしおがみ)岳から南に折れて山腹を快適に下って行くと心字大雪渓の上に出た。雪量の豊かな大雪渓である。ここからは予定どおりピッケルを腰に構えてグリセード滑降して河原宿へと滑り下りた。その爽快さは60年以上経った今でも忘れていない。

　河原宿からあとはバスで酒田市へ出て翌日の月山行きにそなえた。

（「16　月山」へ続く）

16　月山（1984m）

　月山の北登山口である弥陀ヶ原(みだがはら)までバスが登るようになったのはいつの頃だろうか。その終点は昔の参拝路の8合目であるから随分楽になったものである。当時の私は月山の歴史的、宗教的、文化的背景には関心の薄い山歩きだけを楽しむ普通の若者であった。あれから幾星霜、今なら羽黒山から歩いてみたいと思うであろう。

月山の名は神話神の月読命(つくよみのみこと)に由来するという。古事記に月読命は天照命(あまてらすのみこと)を姉、須佐之男命(すさのおのみこと)を弟に持つ三貴神の一人であり夜の世界を治めると書かれているから［文献7］、山の容貌に似て穏やかな神様なのであろう。月山へ登るまえに古事記を読むのがよさそうだ。

1962年7月30日（月） 晴と霧、単独行（「15　鳥海山」から続く）。

　終点の弥陀ヶ原でバスを降り、一般登山者と白装束の信仰登山者に混じり歩きはじめた。整備された参拝登山道が高原上に続いている。周りの草原には池塘が点在し、花をつけた野草が広く咲いている光景は、月山には"花山"または"花月山"のような別称が似合うのではないかと錯覚するほどであった。

　歩くこと3時間で月山神社の本宮を祀る山頂に着いた。山上に鎮守の森はなく一面の草原である。南向きの正面石段を登って神社に参拝する。山小屋も神社の南側に建てられているのを見ると、月山神社の正面はどうやら湯殿山(ゆどのさん)のように思われた。

　下山は湯殿口を目指して傾斜のある草原を下る。左手の東斜面にあたる姥沢(うばさわ)源頭には雪渓が大きく残り、そこに夏スキーを楽しむ人たちが見られた。姥ヶ岳の手前で道は右に折れて急坂を下がり、荘厳な空気が漂う湯殿神社の境内に入った。だが残念なことに参拝する時間が残っておらず、あわただしく山形行きのバスに乗った。いつの日か再び月山、羽黒山、湯殿山の出羽三山をテントを背負って訪

れたいと思いながら。
（「18　蔵王山」へ続く）

17　大朝日岳（1871m）

　朝日岳一帯は日本有数の豪雪地帯である。豊かな雪解け水は東の最上川と西の秘境三　面（みおもて）川へ流れ、いずれの川も越後と羽後の穀倉地帯を育んでいる。米を育てる朝日岳と飯豊山の雪と水の流れは山と谷を飾り山の愛好者を惹きつけるが、雪の多さはまた地形を変えるほどの災禍にもつながり、自然の力に対して謙虚に接すべきことを人々に伝えてきた。

　私たちは飯豊連峰の縦走を終えたあと、同じ仲間で大朝日岳に向かう。当時の日記にその概略が書き残っていた。飯豊山を下山してから小国経由で荒川中流の五味沢までバスで入り、そこから歩いて2時間の大石橋にテントを張る。ところが予期せぬ出来事があったため1日遅れて大朝日岳へ登ったと記されていた。この記録をもとに記憶をたどってみよう。

1961年7月29日（土）～8月1日（火）　京大WV東北地方の登山活動、テント泊（「19　飯豊山」から続く）。

7月29日（土）　晴
　昨夜、ひなびた飯豊温泉で宿泊者の騒ぎに閉口した私た

ちは、翌朝、寝不足のまま長者原からバスで小国に出た。猛暑にうだる小国で明日からの大朝日岳登山に必要な買物を済ませて五味沢行のバスに乗る。皆は暑さにへばっていたから、終点に着いて3時間の午睡をとり、涼しくなった夕方から歩きだした。徳網から30分ほど歩いた大石橋でテントを張ったが、橋の上に設営したのが間違いで一晩中蚊に悩まされることになる。

7月30日（日）

　二晩続いた睡眠不足に加えて、昨夜はテントの中で燻べた蚊取り線香の煙を皆が吸い込んだらしく、その薬効が人間にも現れた。歩きだして2時間、蛇引清水の登りにかかる頃から倒れる者が出てきた。私もその一人であり末梢神経麻痺の症状が出ていた。昨晩はどうやら燻蒸駆除する相手を誤ったらしいと気がついたときはすでに手遅れ。長く休憩をとったあと大珠玉沢（角楢沢のこと）の出合まで戻り、好天にもかかわらずテントを張って沈殿する。治療法はただ一つ、渓流の水をがぶ飲みして毒素を洗い流すという荒療法であった。

7月31日（月）

　昨日のピレスロイド中毒騒ぎは治まったようである。飯豊山で足を捻挫していた仲間一人が登山を諦めて村へ戻ったが、残りは遅れた日程を取り戻そうと大朝日岳目指して出発した。
　再び蛇引清水まで登りなおして稜線にとりつき、平岩山

1961年の大朝日岳小屋（1961年7月）

を目指して草付きの尾根を登る。稜線の先に三角錐型の大朝日岳が姿を見せてきた。その山巓を目指して登り、昼前に山頂へ到着したとき、素晴らしいプレゼントが我々を待っていた。北斜面一面に広がった大雪渓、草原には色とりどりの花が咲き、雪解け水を集めた金玉水のなんとうまいことよ、甘露、甘露とたらふく飲む。山頂一帯は特別保護区域になっており薪は燃やせなかったが、すばらしい景色がご褒美だから愚痴はこぼすまい。

8月1日（火）

　この日の日記には、行程が大朝日岳－白滝－宮宿－左沢（あてらざわ）－山形－横手であったことが記されている。当初の計画では大朝日岳から竜門岳を経由して大鳥池まで縦走する予定であったが、それはピレスロイド騒動で困難になった。そこで計画を変更して大朝日岳から小朝日岳、鳥原山まで

稜線を歩いたあと白滝沢の急坂を下って白滝へ下りた。あとは左沢に出て現地解散したが、怪訝なことに記録は残っていても記憶が定かでない。中毒の副作用としか考えられないのだ。さいわい著しい後遺症が残らなかったのは、みなが若くてタフな年頃だったからであろう。

　この山行を終えたあと、私は一人で乳頭山、秋田駒ヶ岳、岩手山（13）、八幡平（12）、早池峰山（14）、岩木山（10）、八甲田山（11）への長い山旅を続けた。
（「13　岩手山」へ続く）

<u>18　蔵王山</u>（最高峰は熊野岳1840m）

　スキーと樹氷で知られる蔵王山はなんといっても冬がよい。天候に恵まれたらスキーの先を山に向けてモンスター見物にでかけよう。ここもまた志賀高原のようにほぼ安全で楽しい雪原歩きが楽しめる山である。夏になるとさらに観光客が多くなり、熊野岳の青いお釜の水と赤茶けた火口壁の色の共演は見飽きることがない。それとは対照的に人の気配が少ない南蔵王の森は無視しがたい世界である。

　蔵王の樹氷がなぜ見事なのか考えてみた。解説書にはこのように書かれている。

　日本海から吹く湿気を帯びた気流が蔵王へ届くまえに最上川と山形盆地を渡って冷却される。その気流が蔵王の山腹を上昇しながら圧縮されて、氷点以下に過冷却された状

態で樹木に衝突し、氷化して樹氷となる。

　私は次のように補ってみたい。蔵王の西には豪雪で知られる朝日連峰と月山が連なっており、日本海から吹く気流はこれらの峰を越えるときに湿気を雪と樹氷に変えて適度に除湿される。そこで生成する樹氷は飯豊朝日の豪雪に埋もれてしまい、残念ながら一般スキーヤーの鑑賞対象にはならない。そのあと適度に脱湿されて通り抜けた気流は山を東へ下るが、そのとき放出される膨張熱は内陸の盆地と周辺山地の低い気温によって相殺される。その気流がふたたび蔵王山に衝突して過冷却されトドマツの森で樹氷化する。すなわち二度目の樹氷生育が程よい降雪量と釣り合うと考えるのだ。それに加えて、冬の蔵王は観光地としての立地条件が良く評判が広がりやすい。この条件は志賀高原の樹氷と観光地としての知名度によく似ている（登山3回）。

①1962年7月31日（火）

「16　月山」の登山のあとに訪れる。天候はよかったがロープウエー山麓駅と地蔵岳の間はついついロープウエーを使ってしまった。地蔵岳からは歩いて熊野岳へ登り、お釜の端にある馬の背からお釜の池へ下って往復した。当時のお釜は立ち入り禁止ではなく踏み跡もあった。馬の背に戻って海岸の砂浜のように広い稜線を刈田岳(かった)へ、さらに南へ下がって峠からバスに乗る。当時、刈田岳山頂までの車道はまだ通っていなかったようだ。

それから4年後の4月はじめに冬山の気配が残っている蔵王へ春スキーに出かけた。地蔵山頂駅から熊野岳へ登り、モンスターの形態をとどめる樹氷を見物して帰りはザンゲ坂を滑って下山した。

②2013年7月12日（金）、13日（土）
 東北大学の吉岡敏明先生の案内で、南蔵王にある東北大ヒュッテ（旧仙台一高の伝統を継ぐ井戸沢ヒュッテ）を日立化成の柴田勝司さん（「38　皇海山」と「57　笠ヶ岳」の同行者）と訪れた。刈田岳山頂まで車で登れるようになってから、蔵王山の中央部はすっかり都会化されてしまったが、刈田峠から南の山域へ足を踏み入れると、深い森と静けさが保たれた別天地のような南蔵王があった。そこには熊野岳に比肩する1800m級の峰もいくつかあり、開発されずに残されていることを知って、山を護り育てる人々がいることを頼もしく思った。

19　飯豊山（2105.1m）

 福島、新潟、山形の県境にまたがり深く腰を落として構える飯豊山系は、遠望して目立つようなピークを持たず、また山麓までのアプローチは長い。だが夏になれば隠れていた大雪渓や深い谷が姿を現して、高い山の豊かな野草と花が登山者を惹きつける季節になる。この秘境は、百名山ブームが始まるまえから山の愛好者たちの間では知られた

東北の奥座敷であった。

1961年7月24日（月）〜7月29日（土）　京大WV活動、テント泊（当時の日記から転載）。

7月24日（月）
　前夜に大阪を発った普通列車は翌朝に新潟県の新津に着いた。磐越西線に乗り換えて福島県の山都（やまと）からバスで一ノ木へ向かう。バス代は一人100円。ここで小型トラックをチャーターして川入（かわいり）へ18時に到着し、御沢（おさわ）まで40分を歩いてテントを張った。

7月25日（火）
　御沢から登る木の根坂（長坂尾根）の道は暑くて長く、休憩するたびに絞るほどの汗が流れ落ちた。地蔵山から上は眺めが良くなり、切合から飯豊本山までの登りは一転して素晴らしい景色に変わった。お花畑の次には残雪と清流が次々に続く山の装いはじつに楽しい。これに匹敵するところは北アルプスにもないだろうと皆の感想が一致した。山頂小屋のテント場もまた快適である。

7月26日（水）　曇天、風強し
　早朝、飯豊山頂の神社に参拝して道中の安全を祈願した。暗い雲の下、北股岳と烏帽子岳の残雪が白く目にしみる。風速10mを超える強風が唸るように吹くなかを、本峰から西へ進んで御西岳（おにし）と大日岳の分岐点に着いた。ここ

から飯豊連峰最高峰の大日岳(だいにち)を往復する。さらに主稜上を北西に進んで、与四太郎池まで来ると風が一層強まり歩行困難なほどになったので、池畔の風陰にテントを張った。夜になると風はさらに荒れて中古テントの強度が心配になる。用足しに外へ出ると霧散してしまうほどであった。

7月27日（木）

　濃いガスと強風のために沈殿日とする。同じテント場には明治大学と東京女子大学のワンゲルも舫(もや)っており、女声コーラスが強風の中に途切れながら聞こえてくる。沈殿もまた楽しいものだ。明日は晴れるとよいが。気象担当の仲間がラジオ放送第2を聞いて描いた気圧配置図を見せて、明日の天候を吉と予報する。

7月28日（金）　霧のち晴

　ブロッケン現象が見られる程に風は収まり、ガスは濃かったが出発することになった。北股岳、門内岳はガスの中を通過し、扇ノ地紙まで来て初めて晴れ間が見えた。周りの緑の美しさが素晴らしく目に眩しいほどだ。右足下に切れ込んだ梅花皮(かいらぎ)谷には長くて残雪豊かな雪渓が残り、その白さと山肌の濃い緑とが足元に咲くヒメ薄雪草の背景となって私たちの苦労を一度に吹き飛ばした。縦走路はその先の扇ノ地紙で分岐し、私たちは主尾根から分かれて東の梶川尾根を下り飯豊温泉に着いた。この急坂は重荷を背負った若者にも手ごわい道であった。

7月29日（土）　晴

　昨夜の飯豊温泉は静かな宿との前評判は大違いで、夜通し騒ぐ不埒な宿泊者によって期待を裏切られた。寝不足の眼をこすりながら長者原まで川沿いを歩いて下り、そのあとバスで小国へ出る。明日から朝日岳へ登るための食糧を買い足さなければならなかった。
（「17　大朝日岳」へ続く）

20　吾妻山（最高峰は西吾妻山2035m）

　吾妻山系といえば、福島市の西にある東西20kmほどの標高2000m近い高地のことであり、そこには活火山もある。東の吾妻小富士と一切経山(いっさいきょうざん)は福島市からドライブウエーを使って高さ1600mまで登ることができ、西の西大巓(にしだいてん)と西吾妻山(あづまやま)もまた山形県南部または福島県北部からドライブウエーで高さ1000mまで登れるのだ。一方、アクセスが不便な中間山地は、森に覆われた多くの山巓と高層湿原を抱えて静かな高原環境を保っている。どうやら吾妻山は高原歩きを楽しむところと言えそうだ。

　日本百名山にはこの山系から唯一、標高2000mを越える西吾妻山が登録されている。

2005年10月24日（月）　曇、単独行。昨夜来の雨が山上では雪となり西大巓の積雪30cm。
コースとタイム：グランデコ林道ゲート6:05－ゴンドラ上

部駅－西大巓－西吾妻山10：30－避難小屋－西大巓11：50－ゲート前へ下山14：15

　夜来の雨は上がり風は静かになった。ゴンドラは眠りからいまだに覚めず、秋たけなわの樹々の色は濡れた朝霧の中に沈んでいた。私はスキーゲレンデの斜面を鉄塔沿いに登りはじめる。上部駅から上は昨夜積もった雪が深くなりスパッツを着けた。雪の上に踏み跡はまだない。

　西大巓の樹木は冠雪していた。東に広がるトドマツの森の先に西吾妻山が見える。歩きだすと枝からの落雪が騒がしくなった、気温が上昇してきたのである。頭上への落雪に注意しながら雪原を進むとまもなく西吾妻小屋に着く。近くに雪を冠った西吾妻山の山頂があった。

　往路を引き返す。西大巓の雪はすでに溶けて、周りの紅葉が輝きはじめていた。

（「22　磐梯山」へ続く）

21　安達太良山（1699.6m、最高峰は箕輪山1728.4m）

　若い血が流れる青春時代、私は高校1年まで長野県に住んでいた。ドイツの詩人カール・ブッセが詠んだ一句"山のあなたの空とおく……（上田敏訳）"に心惹かれて故郷の山々を眺めていた私は、高村光太郎の"智恵子は……安達太良の……青い空が本当の空だという"（智恵子抄）の句もまた好きであった。成人して東北地方を訪れるたび

に、車窓から首を伸ばして安達太良の山を眺めていた私の姿から、誰がその心を読み取ったであろう。登山の宿に塩沢温泉を選んだのも、中学時代に好意を抱いていた女子生徒の親がこの地元の出身と聞いていたからであった。

1985年9月23日（月）　曇ときどき風強し、単独行。
コースとタイム：塩沢温泉（湯川荘）7:20－くろがね小屋9:45－馬の背のコル－安達太良山頂上11:20〜11:30－鉄山－笹平－箕輪山－横向温泉14:20

　くろがね小屋まで渓谷沿いの道を歩く。小屋から上は火山性の地肌がむき出しとなり、まばらな植生の上を風が吹き抜けていた。稜線までは急坂だった。最近の地図にはこの道が描かれていないが、私が歩いた11年後に水蒸気噴火があったのが理由かもしれない。この日の私は稜線に上がったあと南の安達太良山頂まで、広くてなだらかな尾根の上を歩いた。

　火成岩が累積する山頂には石祠が祀られていた。風が強くて濃いガスがかかる山頂からの展望は得られなかったが、ときおり裏磐梯の湖沼群が雲の切れ目から姿を見せていた。山頂から踵を返して往路と同じ道を鉄山に向かう。夏の稜線歩きは快適だが、冬に吹雪かれたらこの平坦な稜線上では迷うであろうと心配する。くろがね小屋への分岐を見送りそのまま稜線を登ると鉄山（1709m）に着いた。そこは安達太良連峰第二の高峰であり避難小屋があったが、立ち止まらずに通り過ぎて坂を下る。箕輪山との鞍部

にある笹平について、一休みしたあとひと登りすると、連峰最高峰の箕輪山（1718m）に達した。道は左折して急坂を下りはじめ、1時間ほどで国道115号の通る横向温泉に着く。バスで猪苗代に出た。

22　磐梯山（1816.29m）

それほど昔ではない明治20年代に、磐梯山は爆裂的大噴火を起こして山体の半分が吹き飛んだ。この噴火によって裏磐梯の山野と村落は壊滅し多くの人命も失われた。その悲惨な火山活動の傷跡がいま多くの観光客を集めている。そのうちどれだけの人が"もしこの大噴火が起こらなかったら"と想像するであろうか。同様に、猪苗代湖畔の野口英世記念館を訪れる人のどれだけが、もし野口博士が幼時

雨の中の磐梯山頂（2005年10月）

に大火傷を負わなかったら、と話題にするであろうか。史実は覆らなくても、"もし"と想像することは無意味ではない。

2005年10月25日（火）　雨のち曇（「20　吾妻山」から続く）
コースとタイム：八方台登山口8:45－中の湯跡－弘法清水－磐梯山頂10:40〜11:00－八方台登山口12:50

　昨日の西吾妻山のときと同じように天候の回復を願いながら、私は八方台登山口で霧と雨の中を2時間天候待ちした。だが報われそうになかったのでしびれを切らし歩き始める。この登山道は山頂から北西へ伸びた尾根の上を行くが、登山口の八方台がすでに標高1200mだから平均傾斜は緩くて歩きやすい。視界を覆う濃い霧を構わずに林間を登って行く。中の湯跡を過ぎると東の沼ノ平から登山道が合流して弘法清水の小屋に着いた。大きな溶岩塊が腰を据えている小屋の周辺も雨と霧のため何も見えない。小屋の先にある山頂までは、さらに吹きさらしの尾根を登らなければならなかった。

　磐梯山はどこから見ても写真写りのよい山だが、今日のような荒天では展望も写真写りも期待できなかった。意地悪く下山の途中に一瞬だけ、雲の切れ間から裏磐梯の湖沼群がのぞいた。

ひと休み（2）
単独行のよいところ

　百名山は三つのアルプスの28座を含めて日本全国に分布します。その地図上へシミ虫のように足跡を残してきた私は、いまになってその記憶をたどりながら新しい気づきを楽しんでいるところです。

　私の山歩きの8割は単独行であり、そこで得た学びは集団で登ったときより多くありました。生まれが山里だったこともありますが、単身で山を歩くことにあまり抵抗を感じませんでした。とはいえ大学でWVに入部して上級生との集団行動で経験を積み学んだあとは単独行が多くなりました。卒業後は必然的に単独行が多くなり、他人に頼れない自己責任の場が増えました。とはいえ、自然環境への気配りは多くなり、一期一会を大切にする感受性は豊かになったと思います。

　その反面、単独行では事故に遭ったり起こしたりしたときはすべてを自力で処置しなければならずリスクは高くなります。単独行の事故に言い訳は利きませんから、その防止には知識と情報、体力と装備、食料と調理具、救急具と薬品、携行可能な通信機器などを揃える必要があります。

　親しい友人と登る楽しさと比べるのは愚かですが、面識がなかった人と山で出会うことは新鮮です。童話にある『北風と太陽』のように、山は人々の街衣装を脱がせるからでしょう。単独行には一期一会を超えた学びがあり、人間の成長に必要な時間があるのです。

Part 2　心で紡ぐ山の旅

3章　関東北部の百名山
山番号　23〜30、32、36〜44

23　会津駒ヶ岳 (2133m)

　この国に"駒ヶ岳"の名を持つ山は20座ほどあるらしい。その中で会津駒ヶ岳は関東以北で標高が一番高い駒ヶ岳である。南会津の秘境、桧枝岐村(ひのえまた)に所属するこの山は、2007年にようやく尾瀬国立公園の一部として指定された。近くには日光や越後魚沼の山など百名山がいくつもあり、遠望しただけで山の名を言い当てるのは難しいほどだ。私は平ヶ岳（26節）へ登ったあと会津駒ヶ岳を訪れたが、ぞっこん魅せられてしまう。

　同行者の三谷道治さんとは多くの山行で行動を共にした。会津、魚沼の二つの駒ヶ岳、雨飾山、金木戸川(かなきど)から双六(すごろく)池、早月尾根から剱岳、燕岳(つばくろ)から餓鬼岳(がき)、五竜岳、十石山(こくやま)から乗鞍岳(のりくら)、春山の白馬乗鞍岳など、他にも百名山以外の山へ数多く登った。三谷さんは有機化学者であり同時に登山経験豊かな頼れる山仲間である。一説によると山好きが高じて信州大学教授の職を選んだとも聞く研究者である。

2004年8月6日（金）　晴のち曇と雨、三谷道治さんと二人行（「26　平ヶ岳」から続く）。
コースとタイム：桧枝岐林道の登山口7:20－会津駒ヶ岳山

頂11:00～11:25－中門岳12:00－駒ヶ岳小屋－駒清水－登山口15:30

　前日に登った平ヶ岳と比べて会津駒ヶ岳の登山者は明らかに多かった。整備された登山道は登りやすく、山頂に近い駒ノ小屋は素敵な山小屋であった。だが残念なことにこの日、山頂部にはガスがかかり展望はよくなかった。しかし山は滅多に登山者を裏切りはしない。あれやこれやの手を繰り出して見ごたえのある舞台を演出してくれるからである。

　霧と小雨の中、会津駒ヶ岳から中門岳にかけて広がる日本庭園の尾根の上を私たちは歩いていた。そこには池塘と高層湿原を舞台にして山霧が演じる幽玄の時空が広がり、登山者の袖をつかんで山上の劇場から立ち去るのをためらわせた。

　山を下りて桧枝岐の民宿に泊まる。明けて７日、帝釈山から田代山湿原を散策した。途中で激しい雷雨に襲われ、窪地に身をかがめて20分ほど待避せざるを得なかった。

24　那須山（茶臼岳1915m、三本槍岳1917m、朝日岳1896m）

　私の百名山遍歴の中で那須山はなぜかしんがりの山になった。私の登山済みリストにこの山が誤って紛れ込んでい

たことに気づいたのは開聞岳(かいもん)(山番号99)から下山したあとであったからである(99節文末参照)。予定どおりなら百名山の旅は開聞岳で締めくくられるはずであったが、この思い違いがあったために百名山を締めくくる須弥山(しゅみせん)は那須山になり、この山で私の百名山の旅は幕を閉じた。

　百名山の旅がここで幕を閉じることになって私はなぜか安堵に似た気持ちを持った。とくに有名でもなく無名でもない。高くはないが低くもなく、東京に近い湯の湧く山でありながら旅の車窓を知らぬ間に通り過ぎてしまう山歩きの山である。この山が百名山の旅を締めくくることになって私はなにかしら縁のようなものを感じていた。

2005年11月13日（日）　快晴、積雪10〜15cm、単独行。
コースとタイム：ロープウエー山麓駅ー（ゴンドラ）ー山頂駅8:45ー茶臼岳山頂9:20ー峠茶屋避難小屋10:00ー（三本槍岳を往復11:30〜13:25）（朝日岳往復）ー峠茶屋避難小屋13:25ー山麓駅13:50

　郡山(こおりやま)市の日大工学部斎藤烈先生から招かれたのを機会に那須山へ登る。
　晴天下、那須岳の稜線は風が強くて寒かった。標高1800mから上には積雪があり午前中の歩行にはアイゼンを着用した。吹き溜まりの雪は深く登山者はヤッケかダウンウェアを着込んで寒そうである。主峰の茶臼岳は活火山でありガスの噴気音が周りにエコーしていた。ロープウエー山頂駅から茶臼岳へ登り、そのあと峰の茶屋跡に向かっ

3章　関東北部の百名山

晩秋の那須、朝日岳から茶臼岳を望む（2005年11月）

て石だらけの道を下る。避難小屋のある鞍部は強風の通り道といわれるだけあって雪は小屋の陰に吹き寄せられていた。鞍部から北へ稜線をたどり最高峰の三本槍岳に向かう。主稜線から外れたところにある岩峰の朝日岳には復路に寄ることにした。朝日岳分岐から先にある三本槍岳までは往復2時間、稜線には雪が30cmほど積もっていた。風雪が強いとホワイトアウトになりやすそうな地形だから注意する必要があるだろう。

　三本槍岳からの帰途に朝日岳へ立ち寄り、避難小屋のある鞍部へ戻って時計を見ると、今日中に帰洛するためには急がなければならなかった。山麓駅のバス停まで走るように急いで下る。

25　越後駒ヶ岳（または魚沼駒ヶ岳2003m）

　越後駒ヶ岳は大きな山である。北には谷が険しく切れ込んで近寄りがたいが、東は枝折峠から尾根道を辿れば比較的容易に登れる。南に延びた尾根は中岳で分岐し、そこから西に向かえば八海山に、南に下れば谷川岳近くの巻機山に至る。夏になると豊かな残雪とお花畑で登山者を惹きつけ、山を下りた登山者たちは山の出で湯で銘酒を楽しむのである。なんと極まりなく天国ではないか。

2001年7月8日（日）　晴。三谷道治さん、西口郁三さんと3人行。
　前の日に長岡技科大教授の西口さんが三谷さんと私を講演に呼んでくれたので、それを機に越後駒ヶ岳へ登る。
コースとタイム：枝折峠6:45－駒ヶ岳小屋11:30〜12:30（駒ヶ岳往復）－枝折峠16:00

　予想したように枝折峠からの登山道は快適であった。それもそのはず、峠から山頂までの標高差は1000mほどで急坂は少なく、登るほどに残雪豊かな駒ヶ岳の美しい姿が近づいてくるから登山者は励まされるのだ。私たちは枝折峠から山の背をいくつか越えて駒ヶ岳小屋に着いた。その先にある笹原の坂を登れば山頂であり、思わず気が緩んで小屋近くの残雪に靴を滑らせ滑落しかけた。
　山頂には素晴らしい眺めが待ち受けていた。間近に屹立

するのは八海山である。険しい岩峰と銘酒の名で知られたこの山へ行くには、南へ尾根を大きく迂回しなければならないから、それはまたの機会にしよう。季節は7月上旬、残雪豊かなこの山は登山者を山頂に釘付けにしていた。

　知らぬ間に目の前のササ薮から現れたイワナ釣りの男性と言葉を交わしたあと、下山も往路と同じ道を戻る。その途中で灌木の茂みに入り込んで姿を消した登山者がいた。しばらくするとコシアブラの若葉を摘んで現れる。この山の季節はまだ春であった。

<u>26</u>　平ヶ岳（2141m）

　深田久弥が平ヶ岳(ひらがたけ)へ登った時代はこの山に道らしきものはなかったという。どうやらこの山は尾瀬ヶ原の近くにありながら、一般登山者には遅れて開かれた山のようである。私が登った一般登山道は東側の只見湖からつけられたルートであり、はじめは険しく、中ほどは緩やかな長い木道、後半は勾配の急な笹の道であった。

　ところで平ヶ岳の地形図を見ると、山頂部が複雑な分水嶺(ぶんすいれい)を形成していることがわかる。南北に走る主稜の東に降った雨は奥只見湖を経て西の日本海へ、西に降った雨は利根川源流の谷へと流れて東の太平洋へ注いでいるから、逆転したこの水の流れには錯覚を覚える。百名山に指名されなければここはおそらく人影の少ない山のままであっただろう。でも私はこの静けさが好きであった。

2004年8月5日（木）　高曇と霧、単独行。
コースとタイム：登山口4:45－下台倉山7:15－平ヶ岳10:55
～11:25－下台倉山－登山口16:30

　前夜、登山口の鷹ノ巣で車中泊して翌朝早発ちしたのは、ガイドブックに長い一日になると書かれてあったからである。はじめは登山口から下台倉山(しもだいくらやま)まで細くて厳しい尾根を登り、そのあと長い稜線歩きになった。濃霧の中の登山となり尾瀬の山々はもちろんのこと近くの山も見えなかったが、暑さをしのぐには好都合であった。我慢の登りが続く間、目を慰めてくれる生き物があちこちから顔を出す。ご当地名物の蛇である。青大将にシマヘビ、マムシにカラスヘビ、ヤマカガシなどの18匹が、次々と顔を出しては挨拶してくれた。私も表敬のつもりで時間と場所と種類

平ヶ岳へ続く下台倉山の稜線（2004年8月）

をメモに取りながら単調な登りにアクセントをつけ加えていた。このメモは下山時にも同じ場所で出迎えてくれた彼らへの声掛けに利用したが、この地の先住者である彼らへの挨拶としては当然であろう。

　登るにつれて植生は灌木から笹原に変わり、池の岳へ登るササ道は急坂であった。やがてシラビソの低木が疎らに生えた平坦な山頂部に到着したが、一面霧に覆われて人影はなかった。

　下山は同じ路を戻る。私は登りに出会った爬虫類との再会を楽しみながらチェックしていたが、それとは対照的に、登山者と出会ったのは1組2名だけの静かで長い1日であった。下山後、桧枝岐村へ移動して三谷道治さんと合流する。(「23　会津駒ヶ岳」へ続く)

27　巻機山（1967m）

　東大WVのOB会は巻機山麓の清水村で定期的に開かれているとは聞いていたが、図らずもそこを訪れる機会が訪れた。新宿高校（高校一年時に転入）の同期生だった池田義一さんが京大WV・OBの安藤哲生さんと私を招待してくれるというのである。清水峠、巻機山、谷川岳という三つのキーワードが揃えば断る理由はなかった。前日に安藤さんと京都を発ち、越後湯沢から清水村へ入って民宿「雲天」で池田さんたちと合流する。

　雲天の建物は地元の十日町に残されていた築後250年の

庄屋屋敷を移築した立派なものであった。梁と柱が漆塗りの庄屋造りであり、移築費用の多くをOB会が拠出したと聞いてさすがは！　と感心する。ちなみに現役の部員たちは巻機山麓に別の山小屋を持っていると聞いた。

1998年10月10日（土）　朝快晴、午後雨。安藤哲生、池田義人さんほかと集団行。
コースとタイム：登山口駐車場5:10－ヌクビ沢出会6:45－稜線9:38－（割引岳往復）－巻機山10:15－牛ヶ岳－（巻機山経由）－避難小屋－駐車場14:45

　夜明け前に登山口の桜坂まで車で行く。早朝の登山者が多いのであろう、すでに車が数台止まっていた。登山口から左の沢道に沿って進むコースの分岐点があり、その巻き道を行く。1時間半ほどで割引沢とヌクビ沢の合流点である落合についた。どちらの沢も魅力的に見える。ヌクビ沢の杣道は雪崩で毎年消えるから登山に適した季節は雪渓が沢を埋めている初夏だという。たしかに、秋のヌクビ沢は雪崩が押し出した岩石と樹木のデブリで埋まり、斜面に立ち木の姿が少なかった。
　落合から右のヌクビ沢に入り、滑滝の岩場では滑らぬように手をつきながら登る。踏み跡はあっても立派な沢歩きであり、下降路に使わないほうがよさそうだ。行者の滝を過ぎると傾斜のある草付となり、アキレス腱を思い切り伸ばして登ると稜線に出た。落合から3時間の行程である。
　稜線を左へ割引岳まで往復して戻り、右の稜線を進む。

ヌクビ沢の入り口にある滑滝（1998年10月）

御機屋で一般登山道と合流したあと巻機山の平坦な山頂（1967m）に着いたが、そこは団体登山者で混雑していたので私たちはその先の牛ヶ岳（1961m）へ足を向けた。丈の短い笹が覆ったその山頂でくつろぐ。

　復路は御機屋まで戻り井戸尾根を下る。避難小屋を過ぎた頃から雨が強く降り始めた。広くて歩き易いはずの山道は百名山ツアーの集団が多くて渋滞していた。ようやく登山口へ下山したとき私たちは泥まみれになっていたが、途中の展望台から見た米子沢の滝と磨かれた沢の岩肌が強く記憶に残った。

　雲天に戻るとOBたちはすでに宴を始めていた。銘酒八海山を沢水のごとく飲み干す酒豪や旧知の大井さん、能登島で出会った猿山さんもいた。宿の主人はキノコ汁には自

然生の舞茸が最高だと言って裏の林から黒光りする舞茸の塊を採ってくるなり鍋に投げ入れたのである。

<u>28</u>　燧ヶ岳（俎嵓2346m）

　尾瀬の自然環境は湖沼、高層湿原、動植物など地勢学、動植物学、生態学の貴重な研究ステーションとしてだけでなく観光資源でもあり、山と自然の愛好者を強く惹きつける。そこには高層湿原の尾瀬ヶ原と水を湛えた尾瀬沼があり、湿原の東に燧ヶ岳、西に至仏山が対峙する平面 vs 垂直の構図は、訪れる者を虜にするのに十分であった。写真では見慣れていた尾瀬の地を私が初めて訪れたのは世紀が改まってからである。訪れるのが遅れたのは、ここがいつも登山者で溢れていると聞いていたので意識的に敬遠していたからであった。だがそれは杞憂であることを知る。

2005年6月5日（日）　雨のち曇のち晴、単独行（「40赤城山」から続く）。
コースとタイム：大清水小屋4:30－三平峠－尾瀬沼ヒュッテ－長英新道登山口7:55－燧ヶ岳俎嵓10:30～10:50－（下山）－登山口13:00－大清水小屋

　赤城山から尾瀬沼の入り口にあたる大清水小屋へやってきた。宿の脇にはコシアブラの木が生えており、その若芽の天ぷらが夕食に出た。

翌朝、早立ちして残雪が深く残る三平峠への山道を進む。昔は街道筋として賑わったであろうこの道は、いまも尾瀬沼へ向かう観光客と登山者で賑わう道であった。峠を越えると古い山小屋が2軒あり、雪の消えかけた沼の畔では水芭蕉が白い仏炎苞(ぶつえんほう)を開こうとしていた。

燧ヶ岳登山口の標識が立つ地点から右折してアイゼンを履く。雪が深く残る尾根を登ること2時間半で燧ヶ岳(ひうちがたけ)双耳峰の一つ俎嵓(まないたぐら)に達した。その西隣りには双耳峰のもう一つである柴安嵓(しばやすぐら)が並んでいる。にぎり飯を頬張りながら見下ろす尾瀬ヶ原に残雪は見えず、木道を歩く登山者の姿も湿原の中に溶け込んでいた。

帰路は往路と同じ足跡を雪上にたどりながら、グリセードを交えて快適に下った。昼下がりの尾瀬沼には、朝に開きかけていた水芭蕉の仏炎苞が緑の大葉に囲まれて白く開いていた。

夜は大清水の入り口にある街道筋の旅館、片品村鎌田の梅田屋に泊まる。そこは伝統的な旅籠の雰囲気を受け継いで今に残す稀な宿であった。高島田に結いあげた高齢の大女将ときりっと着付けた女将の二人が揃って食事の席に侍(はべ)り酌をするという、『千と千尋の神隠し』を思い起こさせるタイムスリップした宿でもあった。

(「39　武尊山」へ続く)

29 至仏山 (2228m)

　百名山のうち16座を北アルプスが占めているが、それより多い22座を北関東と越後の山が占めているのはちょっとした驚きである。"百名山愛好者"の多くは首都圏に住む人だからと僻(ひが)んではみても、この山域に魅力的な山が多いことに異論はない。

　そのなかで至仏山は、たおやかで端正な山容を持った山である。尾瀬ヶ原あっての至仏山なのか、それとも至仏山あっての尾瀬ヶ原なのか。いや、燧ヶ岳を加えて三位一体であろう、いやいや尾瀬沼を加えて四位一体であろうと議論は姦(かしま)しかろうが、答えは訪れてみればわかることだ。

2004年10月16日（土）　高曇、単独行（「37　奥白根山」から続く）。

　歌曲「山の思い出」で知られる心のふるさと"尾瀬ヶ原"を訪れたのは、燧ヶ岳登山（前節参照）の前年であった。

コースとタイム：鎌田発7:05－戸倉－（峠行き小型バス）－鳩待峠－至仏山10:40－山の鼻小屋－鳩待峠14:00－（小型バス）－戸倉－JRバスで沼田駅

　鳩待峠までは小型乗合バスで上り、直ちに歩きはじめた。山靴で深く削られた登山道は歩きにくい。歩きはじめてしばらくの間は前日に降った雪で木道が凍結し滑りやす

かった。前至仏山を越えると岩場が現れて傾斜が強まり、すれ違う登山者の間で離合ラッシュが生じていた。

　至仏山頂からの展望は絶景である。高曇りの空の下、南には富士山、奥秩父、八ヶ岳が、西に浅間山、北アルプス、頸城(くびき)山系、谷川岳が、北から東にかけては越後、会津、日光の山々が視界に飛び込んできた。

　足元にはこれからめざす山の鼻小屋が見えている。路傍には雪を冠った蛇紋岩が頭を出し、木道には雪が残って滑りやすく注意が必要であった。下り終わった尾瀬ヶ原の西端には山の鼻小屋が待っていたが、そこにとどまること短く鳩待峠への階段道を登る。緩やかに登る木道は峠まで続いていた。峠から再び乗合バスに乗って戸倉へ下り、さらに乗り継いでJR沼田へ出た。
（「30　谷川岳」へ続く）

30　谷川岳（1977m）

　東京の北の奥座敷に位置しながら物騒なことに"人食い山"と呼ばれてきた谷川岳(たにがわだけ)にも、近頃は注意してゆっくり登れば安全に登頂できる時代になった。理由の一つはロープウエーが天神尾根に架設されたこと、二つめは西黒尾根や巖剛(がんごう)新道の一般登山道が整備されたからである。とはいえ一ノ倉沢やマチガ沢の危険で魅惑的な岩登りルートはまだ健在である。ここで思い出すのは戦後間もない1955年頃の東京のことである。私が下宿していた宮下家二男坊の克

ちゃんが、週末になるとロープにカラビナ（金属でできたリング状の固定具）、ハーケン（岩壁の割れ目に打ち込むくさび）をガチャガチャ鳴らしながら上野発の夜行列車で谷川岳へ通っていた。あれから半世紀が過ぎた。

2004年10月17日（日）　快晴、単独行（「29　至仏山」から続く）。
コースとタイム：山の家 6:45－マチガ沢出合－（巌剛新道）－西黒尾根との稜線合流点－肩の小屋11:30〜12:30（昼食、トマとオキの両耳を往復）－天神尾根－ロープウエー上部駅 14:00

　素晴らしい快晴の日曜日である。小春日和を先取りしたような天候に恵まれて巌剛新道を登る。還暦を過ぎて5年目の私には岩の多い厳しい登りであったが、そこはマチガ沢の南斜面を登る素敵な登山道であった。西黒尾根の稜線に出ると、快晴の日曜日とあって西黒尾根を直接登ってくる登山者が加わり、人の流れは滞るようになって予想以上に時間がかかる。ようやく肩の小屋に到着した。混雑する小屋を敬遠して外で昼食を摂り谷川岳の双耳峰を往復する。どの頂上にも登山者は多かったが、私はマチガ沢と一の倉沢を見下ろしただけで足がすくみ、目をそらせて仙の倉山や清水峠、また朝日岳の遠景に視線を向けていた。
　下山路に天神尾根を選ぶ。この道は歩きやすくて安全だが、人の多さだけは避けようがなかった。加えて肩の小屋で小型カメラのバッテリーが切れてしまい私は機嫌が悪か

った。

（百名山番号31の雨飾山は4章へ移した）

32　苗場山（2145m）

　苗場山(なえばさん)と聞けばスキー場を連想するほど、この山の中腹には昔から知られたスキー場がある。最近はスノーボードに人気が出て南半球からの客が多いと聞いた。無雪期にこの山へ登る道は、スキー場から南西の方角へ登り、神楽峰を経て山頂に達するのが一般的である。ほかにも山の西側の秋山郷から登る道を含めていくつかあるが、どれをとっても山上の高層湿原に達したあとは木道を歩いて高山植物と昆虫観察が楽しめる。

2002年8月12日（月）　晴、下山後に雷雨。三谷道治さん、西口郁三さんと三人行。
コースとタイム：小赤川登山口7:10－苗場山頂10:30～11:00－和山登山口へ下山15:00

　この登山では登路と下山路の難易度の差が大きかった。登路に選んだ小赤川登山道は登りやすい道である。三合目の登山口から灌木の茂る道を登って、山頂台地の西のはずれにある坪場に着いた。ワタスゲが一面に咲き高原の風に揺れている。木道の上にいる私たちには灼熱の太陽が容赦

苗場山の高層湿原（2002年8月）

なく照りつけていたが、それでも時折吹く山風は汗にまみれた肌に心地よい。風に吹かれるまま歩いてゆくと、湿原の東端に低い栂(つが)の樹に囲まれた苗場山の標識が立っていた。近くにある山頂小屋は暑さを避けたい登山者で賑わい、私たちは小屋の外で食事を済ませる。

下山には和山(わやま)ルートを選んだ。登ってきた道を少し戻って9合目の標識から左へ折れ、和山登山道に入る。湿原が点在する草原を下ってゆくと7合目から林間に入り、道は窪みのある斜面を通って平太郎尾根の急峻な痩せ尾根へと私たちを導いた。この尾根には両腕で木の幹に抱きつき下るような難所があり、みな音をあげていた。どうやらこの道は下山路としては適していないようである。ようやく尾根を抜けて沢を渡ると道は緩やかになり、その先に和山登山道3合目の標柱が立っていた。

入山前に止めておいた車で赤い湯の湧く赤沢温泉に立ち

寄り汗を流す。

（百名山番号33〜35は長野・新潟県境の山として4章へ移した）

ひと休み（3）
地図と天気図

　国土地理院の5万分1図と2万5千分1図は、G-mapやGPS検索が普及した現在でも山歩きの頼りになるパートナーです。風雨や降雪のとき、また、迷い込んだ森や谷のなかで、磁石を使い地図読みに命を託したこともありました。山の地勢は年々変化するので、地図製作者は最新の現地情報を精査してGPSから集めた情報とつきあわせ、補正する作業が欠かせません。本当に頭の下がる仕事です。

　昭和30年代のはじめまで登山者が山へ携行したのは単色刷5万分1図でした。そのあと三色刷の2万5千分1図が出版されて随分と歩きやすくなりましたが、いまは印刷した地図に代わってスマホを使いながら山を歩く情報受身型の時代になっているようです。山で出会った登山者に道を尋ねると、"山の彼方を指で差す"かわりにスマホ上を指で差す時代になりました。NHKラジオ第2を聞いて広域気象図を描き明日の行動を決めていた時代は過去になったのです。でも、古き時代の登山者はいまの一方通行的な情報受信の便利さがなぜか気に入りません。軽量化した小道具を身につけて速さを競うトレイルランもだめです。その心は、技術と道具と情報に依存した山登りが、人間の動物的本能を錆びさせることを恐れるからです。それはまた、科学から利便性だけを抽出したような現在の科学技術が、地球環境の消耗を加速しているのを見ているからでしょう。

36　男体山（2486m）

"日光を見ずにケッコウというなかれ"、この一句に出てくる日光が日光東照宮を指すのであれば、度を過ぎた贔屓言葉であろう。だが、ここに男体山と奥白根山の二山を加えると生きた言葉になりそうだ。男体山麓に祀られている二荒山神社の"二荒"を"にこう"と読めば日光の語源にもなる。さしずめ"二荒の山へ登らずに結構というなかれ"ということか。

　一般に、観光地の看板写真といえば火山と湖水の組み合わせが多い。羊蹄山と支笏湖、榛名富士と榛名湖、富士山と富士五湖、奥穂高岳と大正池、開聞岳と池田湖のように、景勝地には山と湖水が欠かせないようである。なかでも男体山と中禅寺湖の組み合わせは横綱級であろう。

2004年10月14日（木）　曇ときどき小雨、単独行。
　関東平野の北縁を仕切る日光の山を歩いてみたいと思い立ち京都を発った。翌朝、東武日光駅前から湯元行のバスに乗って登山口の二荒神社で下車し、入山料を納めて歩きだす。
コースとタイム：二荒神社7:30－男体山山頂11:45〜12:05－志津越林道14:00－（林道歩きと観光バスの便乗）－三本松バス停－湯元温泉

　少し風邪気味であったが、葛根湯とベンザ散薬とを服用

して出発する。3、4合目で林道は終わり登山道になった。5合目から傾斜が強まり、8合目から上は岩礫の多い道になる。ザレ場を過ぎて頂上に着いたが、山頂はガスと雨で視界がきかずに寒かった（気温3℃）。早々に軽食を済ませて山の北裾を通る志津越林道を目指して下る。2時間ほどで林道に出た。そこから西へ1時間も歩いただろうか、後ろから追うように走ってきた貸切バスが横に止まり"よろしかったら途中までどうぞ"と声がかかる。山頂で写真を撮ってあげた登山者グループであった。厚意はありがたく受けとるものと三本松バス停まで同乗させてもらい、そこで日光湯元行きの定期バスを待った。湯元に着いて旅館に宿をとる。夜半の雨は朝方に雪へと変わっていた。

(「37　奥白根山」へ続く)

37　奥白根山 (2578m)

　奥白根山は関東以北で最も高い山である。白根三山と書かれることのある白峰三山は南アルプスの山だが火山ではない。奥白根山と草津白根山は噴煙をあげる活火山であり、"白根"の由来は硫黄分を含んだ火山性土壌が白色を帯びているからといわれている。この奥白根山には山名由来の名を持った日本固有種のシラネアオイが自生している。このように日本の高山にはほかにも"私のシラネェ草"がたくさん花を咲かせているのである。

2004年10月15日（金） 雪（初冠雪）、単独行（「36　男体山」から続く）。
コースとタイム：菅沼登山口7:00－弥陀ヶ池－（北尾根経由）－奥白根山10:45～11:10－五色沼避難小屋－弥陀ヶ池－菅沼登山口15:00－鎌田

　タクシーを呼んで金精峠を越えた先の菅沼まで行く。奥日光には昨夜から今年初の雪が降り、タクシーはスノータイヤを装着して紅葉の峠道を走った。
　菅沼登山口から弥陀ヶ池までの間は雪が降り続いていた。15cmほど積もった雪を踏みしめてストックを突きながら登る。弥陀ヶ池の分岐点で右の道をとり、新雪を冠った岩がゴロゴロ積み重なる北尾根を登って奥白根の山頂に着いた。すでに登山者が5名ほどいた。はじめは吹雪いて

初冠雪の奥白根山、山頂は近い（2004年10月）

いたが風が収まり周囲が見えるようになると歓声が上がる。きのう登った男体山が指呼の距離に見えるのだがなぜか冠雪していない。標高が100mほど低いだけでこの差が生じるとも思えないから、おそらく北西方向から流れ込んだ雪雲が奥白根山を過ぎたあと途切れたのであろう。振り返り西の空を見ると雪雲に覆われていたが、東は晴れて山に雪は見られなかった。

　山頂にしばらくとどまったあと脚下に見えている五色沼(ごしき)に向かう。火口壁に沿って南東方向へ下がり、分岐標識を左折して火口底へ急坂を下ると、青白い水を湛えた五色沼に着いた。沼の畔には避難小屋があり、その脇を通って北へ登ると今朝通ってきた見覚えのある弥陀ヶ池に着く。初雪が残った斜面には電気柵が設置され、シラネアオイを鹿害から守っていた。

　菅沼登山口へ戻る。そこで出会った上石さんに車への便乗をお願いして鎌田へ下がった。明日は至仏山へ登る予定である。

（「29　至仏山」へ続く）

38　皇海山（2144m）

　皇海の山名は"こうがいさん（笄山）"に由来するとある本に書いてあったが、それがなぜ皇海山(すかいさん)になったのかはわからない。この神秘性を帯びた名の山が、庚申山(こうしんざん)という前山に護られて日光の奥に存在することを知ったのは、そ

の庚申山に日本固有種の特別天然記念物"庚申草"という食虫植物が生育していると知ったときであった。この神秘的な皇海山へ正面から登る道は意外に手ごわくて面白いから登らないか、と日立化成の柴田勝司さんから誘いがかかる。梅雨入り前ではあったが晴れの日を狙って庚申山から入ることになった。柴田さんは屈強なベテラン山男という言葉が似合う高分子化学技術の研究者であり、当時は私と組んで環境改善技術の研究に関わっていた。

2004年6月5日（土）、6日（日） 柴田勝司さんと二人行（テント泊）。
コースとタイム：5日（土）晴　銀山平10:00－（鏡岩経由）－猿田彦神社跡12:00－庚申山頂15:00（テント）／6日（日）曇のち小雨　庚申山頂5:50－不動のコル（水場を往復）－皇海山10:10～10:20－鋸岳－庚申山14:30～15:15－庚申山荘－銀山平19:10

6月5日（土）
　小山市から車で足尾の山を越えて銀山平に入る。歩き始めて1時間、猿田彦神社跡の鳥居から庚申山の登山路にとりついたはずであったが道を誤った。庚申山荘の手前に登山道の入り口があることは調べて知っていたが、現地の神社跡に立てられた案内板に、ここから右へ入るように書かれていたのを信じて細道に入った。しばらく行くと下山者と出会い、この道が参拝者用の巡礼路であって、本来の登山道はやはり庚申山荘から右折するのだと教えられた。さ

庚申山から見た皇海山（2004年6月）

らに、どちらも細くて急な坂道で足元に注意が必要なのは同じだという。だったらこのまま進もうではないかと決めた。幸運なことに、この第二の登山道で絶滅危惧種の特別天然記念物"庚申草"を見ることができた。"よくまあ見付けられたね、柴田さん"と感心するほど小さくて可憐な植物である。

　梯子と鉄鎖、胎内くぐりを経て山荘から登ってくる本来の登山道と合流した。そのあとも急坂が続き、山腹から尾根へ出たところでふたたび庚申草を発見し庚申山の山頂に着く。もう先へ進む時間はなかったから無人の山頂にテントを張る。水は二人合わせて5L、少し足りないが明日の昼まではなんとかもつだろう。夜に鹿の鳴く声を聞く。

6月6日（日）
　テントをそのままにして軽装で皇海山を往復する。出発

時に高曇りだった空模様は午後から小雨になった。笹尾根は庚申山から薬師ピークまで続き、薬師からこぶを二つ越えると道は切戸となって落ちこみ、そこに鎖とロープが設置されていた。先行するグループが通過するのにてこずり20分ほど待たされたので、通過後は順番を譲ってもらい、高さ30mほどの赤土の壁をロープと木の根をつかんで登る。さらに鎖と梯子が続いたあと鋸岳に到着した。

　鋸岳で六林班峠から登って来る長い縦走路と合流する。鋸岳の山頂は狭くて長居できるところではなかったから、不動のコルまで足元の悪い道を下った。コルから西へ10分ほど下ると良質の水場があり、ようやくのどの渇きを癒して元気を回復する。コルに戻って急傾斜の道を45分ほど登り皇海山の山頂に立った。

　シラビソの樹に囲まれた展望の良くない山頂だったが私たち二人の他に人影はなく、日光方面だけが見とおせる貸し切り舞台であった。残念だが、庚申山へ戻るために残された時間は短かった。急かされるように写真撮影と軽食を済ませて下山にかかる。雨で岩が滑りやすくなる前に難所を通過しなければならなかった。

　庚申山に戻ってテントを回収する。庚申山荘までの下山路は細くて滑りやすく、銀山平の駐車場に戻ったときは辺り一面闇の中だった。

39　武尊山（2158m）

　神話上の勇者名にあやかった武尊山(ほたかやま)の名は難読である。"武"は本来"たける"、"尊"は"命"と同義で"みこと"または"たける"とも読むから、"たけるのみことやま"または"猛猛しいやま"になる。それを"ほたかやま"と読ませるのである。北アルプスの"穂高岳"は"ほだかだけ"と濁って読ませるから"ほたかやま"には慣れるしかない。私は武尊山という漢字は好きだから"たけるのみことやま"とでも読んでみたい。

　前節の皇海山への道は難路だったが、その近くにある武尊山への道は穏やかであった。

2005年6月6日（月）　快晴、単独行（「28　燧ヶ岳」から続く）。
コースとタイム：スキー場下の駐車場5:30－牧場上部の登山口－武尊避難小屋－武尊山10:55～11:20－スキー場下の駐車場15:20－花咲の湯

　武尊山麓は夏季には牧場となり冬季にはスキー場となる。私が選んだ武尊山への登山口は牧場駐車場を過ぎた先にある森の入り口にあった。そこには登山口の裏側から車で尾根を越えて入ってくる山菜採りの姿が見られた。私はそこから痩せ尾根を登る道を歩きはじめる。鎖場を過ぎると南の主稜から登ってくる道が合体し、雪が大きく残った

斜面を過ぎると山頂に達した。遮るものがない山頂には先客が5人ほどおり、若い犬がはしゃぎ回っている。

　抜けるような青空の下、大気は遠くまで澄みわたっていた。残雪に輝く上越国境の山は武尊山の舞台背景であり、周りすべてが関東平野を潤す水源であった。

　軽食を済ませて登路と同じ道を下る。牧場を横切る近道は早朝には通ることができたが、昼になると通行を禁止する声が聞こえてきた。そうなんや、ここは私有地なんやと半分訝(いぶか)りながら林道に戻る。急がば回れのことわざどおり、林道の途中にある切り通し斜面には山ウドが密生していた。

40　赤城山（黒檜山）（1828m）

　赤城の山といえば国定忠治と空っ風で十分、頼れる女性まで持ち出す必要はない。赤城山と榛名山から運ばれた火山灰は空っ風に乗って関東平野に降り積もり、ローム層となって関東平野に豊穣の土壌をもたらした。それだけでなく、北関東の民の気質にまで影響を及ぼしていると聞いたのはいつの頃だったか。いまの関東平野はどこへ行っても東京の郊外になってしまった。

　世は移り人が代わっても山は変わらないと思っていた。ところが今は人の欲望が時と場所をわきまえず、限界さえもわきまえずに山の形を変え、この島国に長大な穴を掘り、谷を埋めては湖を造ってとめどなく膨らんでゆく。自

然の理に逆らい大都市化を進めて山野を切り開くことが、科学技術の粋であるかのように誤解しているのである。江戸時代にはお上に逆らうと忠治のように首が飛んだが、今の世では、自然界に逆らえる力量ほど称賛される不思議な逆転が起こっている。だがそうもゆくまい、地上の自然界はすでに猛然としっぺ返しを始めているのだから。

2005年6月4日（土）　曇ときどき雨と雷雨、単独行。
コースとタイム：黒檜山登山口10：35－黒檜山－駒ヶ岳－駒ヶ岳登山口13：20

　前夜は高崎駅前に泊まる。明けて4日、駅前で車を借りて黒檜山(くろびやま)の登山口まで上がる。
　あいにくの雨模様であった。赤城山は1000メートル級の火山が寄り集まって作られた死火山群であり、近代の観光資本によって開発されてきた。山頂部を形成する峰々のなかで最高峰は黒檜山、私はその山裾に車を止めた。そこはすでに標高1300mの高さにあり、山頂まであと500mを登るだけであった。しかし、今日のお山ははじめから雨と霧の中にあり、山頂から周りの景色は全く見ることができなかった。一休みしたあと尾根伝いに南の駒ヶ岳へ向かう。駒ヶ岳の標高（1685m）はやや低くて山頂は雲の下にあり、大沼周辺の山々が展望できた。大沼の西には地蔵岳、そこに架かるロープウエーが動いている。忠治がこの光景を見たら浪曲師の声を借りて如何に語らせるであろうか。
　駒ヶ岳から下山したあと赤城の山に別れを告げて車で東

へ下った。老神(おいがみ)温泉から武尊口を経て尾瀬沼の入り口である大清水へと向かう。

(「28　燧ヶ岳」へ続く)

41　草津白根山(または本白根山)(2171m)

"白根"の名を持った活火山は二つ、日光の奥白根山と草津温泉の本白根山である。草津白根山は私が登った2004年のあと2018年に、水蒸気爆発を起こしてスキーヤーが亡くなり一帯は入山禁止になったが、その前から本白根山の山頂周辺は立ち入り禁止になっていた。この一帯の山岳地帯は富士火山帯と那須火山帯がガチンコ衝突する位置にあるので火山活動が盛んであり、噴火の危険性をはらんだ火口丘が点在する合間に温泉が湧き出て、訪れる者を飽きさせない。

2004年8月12日(木)　快晴、単独行。
コースとタイム：白根山レスト駐車場10:55－本白根山頂(仮設三角点) 12:00～12:20－駐車場

　志賀高原から渋峠経由で草津白根山の五色沼までバスで行き、観光客で賑わう沼の一画を離れて南へ歩き出す。このあたりは噴火や水蒸気噴出がいつ起こっても不思議ではないと聞いていたが、この年のお山は機嫌がよく穏やかであった。

本白根山の東麓沿いにつけられた登山道は、曲がりくねりながら南へ続いていた。右側から本白根山の灰褐色の斜面が近づくと道は右へ鋭角に折れてさらに登ってゆく。このあたりは駒草の群生保護地域であり保護ロープが張られていた。さらに登ると左手に円丘が現れ、そこに仮山頂の標識が立っていた。最高標高点の山頂はもう少し先にあったが、噴火時の事故を防止するための杭とロープが設置されていて立ち入れず、その外側から遥拝することで登頂したことにした。浅間山と焼岳（やけだけ）でも同様に立ち入れなかったことを思い出す。

　帰途にもう一度、過酷な環境にもめげず、けなげに育つ駒草にエールを送った。

42　四阿山（2354m）

　上田市の南西に広がる塩田平から北東の方角を見遣ると、四阿山（あずまやさん）の気高く美しい姿を望むことができる。上信国境では浅間山に次ぐ高山だが、上田市の街中からは烏帽子岳（えぼしだけ）（2065.6m）周辺の山に隠れて姿を見せない。だから私は久しく登る機会がなかったといえば言い訳になる。じつは、烏帽子岳と周りの山だけで少年の植物昆虫への好奇心は十分に満たされていたからだ。

　四阿山へ登る気になったのはずっとあとになってからである。中学校の英語教師である姪の内田早苗君が無雪期の根子岳（2207m）へ登りたいと訪ねてきた。おそらく前年

の高妻山登山で味を占めたのであろう（35節参照）。彼女は茨木高校時代にノルディックの選手だったから根子岳を知っていた。ならばついでに四阿山へ登ろうかとなる。百名山の四阿山を差し置いてまずは根子岳へ、となったのは、私の好きな山の順位が烏帽子岳、根子岳、四阿山の順であったからである。

2003年8月13日（水）　曇のち晴、内田早苗君と二人行。
コースとタイム：菅平牧場8:10－根子岳－四阿山11:30－中四阿、小四阿－菅平牧場13:40

　都内の大学系運動部が菅平で夏合宿する風景は、今では夏の風物詩として定着した感がある。学生で賑わう高原から一歩山に入ると昔ながらの静けさが残っていた。日本ダボスの裾野を上がって牧場事務所に車を止めると、そこから上の根子岳西斜面に牧場が広がっていた。白樺が点在する緩やかな牧草地をゆっくりと登りながら周りに見とれていると根子岳の山頂に着いた。ここから眺める四阿山は圧倒的に重量感がある。150mの標高差だけでなく山体自身が大きいからだ。

　冬になると根子岳山頂から下部の西斜面は山スキー場になる。アルペンスキー発祥の地としてだけでなく今風に言うバックカントリースキーの天国というわけだ。標高2200mの山頂から裾野の日本ダボスまで標高差800mを一気に滑り降りる根子岳大滑降競技会が、私が中学生だった昭和20年代には毎年ここで開かれ、優勝者は英雄扱いされ

ていた。当時の根子岳と日本ダボスにはリフトもなく短いロープトウがあるだけだったから、競技者たちはスキーを担いで、またはスキー板の裏にアザラシの毛皮を貼って山の上まで登っていた。

　根子岳の北東には深く削られた米子峡谷がある。落差約100mの見事な懸瀑が2本懸かっているが、谷が深すぎて山の上から見ることができない。

　私たちは根子岳山頂から南東尾根の狭い道を200mほど下がり、滑りやすい急坂を登り返して四阿山の西肩に出た。祠が祀ってある山頂はそこから少しの距離である。

　山頂で昼食を済ませて折り返し、西尾根を下って中四阿へと向かう。稜線にはササユリをはじめ数々の目を引く山草が咲いていた。山の背から右に折れて中四阿の山腹を下り、小谷を渡って牧場事務所へ戻る。

43　浅間山（2568m）

　浅間山は現在活動中の活火山の中で御嶽山(おんたけさん)と奥白根山に次ぐ標高の高い山である。気象庁による活火山の定義は"過去1万年以内に噴火活動を行ったことのある火山"となっているから、最も高い活火山は富士山ということになるが、私は個人的に登山者にわかりやすい偏った定義を持っている。それは"過去100年ほどの間、安全に登山できた期間が短い活火山"である。これによると、富士山は宝永大噴火（1707年）以後の噴火がなく、山頂への登山が開

放されてから長く経っているから休火山とするのがふさわしい。それとは対照的に浅間山は近代になってほとんどの期間登山禁止であり、しばしば夜空を赤く染めてきた。

　私は噴火口のある浅間山の噴火丘へまだ登ったことがない。長らく登山禁止が解けていないからである。戦後の一時期に解禁されたことがあり、東側の小浅間山から登る計画を立てたがすぐに噴火したので登山禁止になった。現在も東側はもちろんのこと西側の前掛山にも"立ち入り禁止"ロープが張られて入山できない。代わって百名山信徒のために、西側外輪山の黒斑山（2404m）が暫定山頂として認定されている（登山2回）。

2004年8月11日（水）　晴、単独行。
コースとタイム：天狗の湯8:10－火山館10:10－（湯の平）－（前掛山立入禁止地点、引返）－湯の平12:00－（草すべり）－黒斑山13:20－（車坂峠）－浅間山荘16:00

　猛暑日アラートの出ている暑い夏の日であった。小諸市側にある天狗の湯から歩き始める。渓流の水音が聞こえていたのは不動の滝まで、そのあと水の流れは溶岩の下に潜ってしまった。火山館跡から上部はまばらに生えた灌木と溶岩塊の狭間を縫って砂礫の道を登る。傾斜が強まり植生がまばらになるとやがて立入禁止のロープが張られていた。その先に前掛山へと続く踏み跡が裸地の上に見えているが、残念だがここで折り返そう。湯の平まで戻り、道標が立っている三叉分岐点を西へ折れて細く急な草付きを登

って黒斑山の南肩に出た。この地点から浅間山の仮山頂として認定されている黒斑山三角点まで往復する。仮山頂に立って浅間山を望むと、茶色い前掛山外輪山の縁を越えてかすかに噴煙が立ち上っている。私は踵を返して車坂峠まで下がり、車道に沿って天狗の湯に戻った。

　後日、小学生時代からの幼馴染みである関口悦男君と篭ノ登山へ登った帰途に黒斑山へ登ったが、まだ前掛山を越えたことがない。山が大好きだった悦ちゃんは週3回の腎透析を受ける病身になっても私を篭ノ登山へ案内してくれた。ほかにも独鈷山、虚空蔵山、土鍋山、冬の太郎山など故郷をとり巻く山を共に歩いた忘れえぬ友である。

44　筑波山（最高峰は女体山）（877m）

　2003年の春、平成天皇ご臨席のもとに開かれた日本化学会創立125年記念式典へ出席した翌々日に土浦経由のバスで筑波神社に着いた。筑波山は言わずと知れたガマの油売りで有名な山であり、男体山・女体山の二つの山頂と中腹の巨岩を巡る道がある。そこは古くから山岳崇拝の道が拓かれているあずまの国の霊峰であり、百名山に登録された山としてはいちばん低いが、山に銘柄があるならその最右翼の一つであろう。

2003年3月21日（金）　快晴、単独行。
コースとタイム：筑波山神社9:25－幸子原－男体山－女体

3章　関東北部の百名山

筑波山の大仏岩（2003年3月）

山11：15－弁慶小屋－筑波山神社12：40

　山麓の筑波神社を出発して古い歴史を感じる登山道を登山ケーブルに沿って登る。古木茂る山道のいたるところに巨石が腰を据える古色あふれた山道であった。私はこの雰囲気に少しでも溶け込みたいと思い、幾度となく足を止めては深呼吸した。関東平野の北縁に位置するこの霊峰にどれだけ多くの人々が草鞋を擦り減らして登ったことであろうか。見事に表面が擦り減った路傍の敷石がそれを物語っていた。京都の北東に位置する比叡山延暦寺へ登る雲母坂と琵琶湖側の坂本道を思いながら、それよりおそらく古いであろう山道を私は歩いていた。

　いまは筑波山の登山が軽快に楽しめるようになり、筑波神社から出発して名所と神社を一巡するには3時間もあれ

ば十分であろう。ちなみに、春先ではあったが、油売り本舗の店先で"蝦蟇の鳴く声が聞けなかった"と愚痴ってみたらどんな返事が返ってくるであろうか。たぶん"聞きたいと思う心が蛇のもの"と。お粗末さま。

ひと休み（4）
山歩きは事故や遭難と背中合わせ

　山歩きには危険が伴います。同時に幸運にも恵まれることになるでしょう。今さらですが、私にまつわる例を挙げてみましょうか。

1）白馬岳の天狗原へ春山スキーに出かけて、季節外れの豪雪に遭遇しました。仲間3人と力を合わせてラッセル（雪をかき分けて進むこと）を繰り返し、ビバーク（テントなしか簡易テントを使って露営すること）して翌日無事に脱出しましたが、その途中の白馬乗鞍岳でテントを張って待避しているのを見かけた千葉大山岳部のパーティーは、数日間テント待機したあと行動を起こして新雪雪崩で遭難しました。それ以来、私は北アルプスの春山登山を諦めました。（P.123白馬岳には記録せず）

2）晩秋の北八ヶ岳で単独行動中、大岳から下る途中で左アキレス腱を全断裂する大怪我を負いました。携帯電話の圏外だったので救助を呼べずに這うようにして下り、泥だらけの姿で戻りました。（P.188、197参照）

3）春5月、WV仲間3人と雪の白馬栂池から朝日岳へ縦走したあと、黒部峡谷の北俣川へ下り着きましたが、渡るべき吊り橋が流失して架かっていなかったのです。進退きわまり、再び3日をかけて往路を戻ろうと覚悟を決めたそ

のとき、幸運にも対岸に人影を認めたのです。見回りの営林署員でした。大声を掛け協働して作業することになり、激流に没していた吊り橋ワイヤの引き上げに成功して、その鋼索を頼りに北俣川を渡りました。(P.125参照)

　どれも百名山に近い深山で起きたことです。60年も前のことであり当時は情報の入手が困難な時代でした。我々に油断があったのかもしれませんが、でも幸運に恵まれたことに感謝しています。

Part 3　雪よ岩よ宿りの山よ

4章　長野・新潟県境と北アルプスの百名山
山番号　31、33〜35、45〜60

（深田久弥著の百名山は番号31雨飾山を関東北部に分類するが、ここでは長野と新潟の県境の山とした）

<u>31</u>　雨飾山（1963.2m）

　雨飾山（あまかざりやま）はなぜか山好きの人々の間で人気がある。高さは2000mに僅か及ばないが、妙高、戸隠、また北アルプスの北部から眺めると、日本海からひょっこり立ち上がった姿がなんとも格好よくて印象に残るからであろう。それはまた、雨飾山から眺めた景色が素晴らしいということかもしれない。私は雨飾山という山名が好きだ。越後の米山と同様に、穀倉地帯の人々が崇敬して付けた山名なのであろう。私は学生時代に地元小谷村（おたり）出身の尾澤智彦君と3月期の登山を2回計画したことがあったが、気象条件に恵まれず実行できなかった。

　ここに記す山行は、大学勤めも後年に入ったある年の11月上旬、岳友の三谷道治さんと登った記録である。当時はまだ地球温暖化が顕在化していない頃であり、数日前からの冷え込みで信越地方には早めの降雪があった。そこで予定を1日あとにずらして、手空きとなった11月3日に私は朝日町の泊海岸から小川（実名である）に沿って、越中和紙で知られる蛭谷（びるだん）の里を経て小川温泉までの道を歩いた。それにはわけがあった。その33年前の1962年10月に小川温

4章　長野・新潟県境と北アルプスの百名山

冠雪した雨飾山（1995年11月）

泉から黒部源流の北俣小屋を経て白馬岳へ登ったが、その足跡を"日本海発"と書き直したかったからでもあった。（45節②参照）

1995年11月4日（土）、5日（日）　薄曇、三谷道治さんと二人行。

　姫川を遡り東へ折れて頸城三山の山懐に入る。谷の行き詰まりに梶原新湯は佇んでいた。数日前に降った雪がまだ20cmほど森陰や路傍に残る湯宿で三谷さんと合流した。
　宿の北窓から近くに頸城アルプスの鋸岳、鬼ヶ面岳、駒ヶ岳の巍々とした岩峰が見える。だが、登る予定の雨飾山は宿の南側にあり、山腹に近すぎて見ることができない。
　明けて5日は早発ちする。宿の傍らにある登山口から尾根に取り付いた。昨夜の冷え込みで残雪の表面がクラスト

（雪面が固く凍りついている状態）して滑りやすい。簡易アイゼンを装着してストックを握りしめ狭い尾根を登りはじめた。徐々に雪量が増えて登りやすい道になる。標高1500mを超えて左へトラバース（斜面を横に移動すること）するあたりから積雪は膝まで深くなり、頭上には霧氷が見られるようになった。トラバースが終わるとロープが設置された狭い溝状の急坂となり、そこを抜けて稜線の笹平に出た。右手の西方には目指す雨飾山の頂が雪を冠って見えている。そこへ続く雪原には昨日までの登山者が残したトレースが見えていた。

　山頂に着いた。雨飾山と書かれた標柱が無愛想に立っているが、眺めのほうはどうだと言わんばかりに素晴らしい。澄みきった秋空の下、北アルプスの朝日岳から乗鞍岳まで雪を冠った姿を横並びに見せている。背後を振り返ると、すぐ近くに雪化粧した焼山(やけやま)、火打山、妙高山が迫って見える。すっかり見とれてしまった私は下山するのを忘れそうになった。

　昼を過ぎると秋の日差しは釣瓶落としに傾いた。雪が凍りはじめて滑りやすくなってからの下山は危険である。アイゼンを締め直してストックを握り往路と同じ坂道にステップを刻みながら登山口へ下がった。

　帰途に糸魚川河口にある遡上鮭の加工小屋へ立ち寄り筋子を買って帰る。

（百名山番号32の苗場山は、関越国境を扱う3章の87ページへ移した。引きかえに、山番号33〜35は長野・新潟県境

の山を扱う本章に移した）

33　妙高山（2454m）

　北陸新幹線が開通するまでの妙高高原は首都圏や近畿圏から遠いところであった。とはいえ、この地は昔から温泉とスキーの観光地として賑わい、加えて野尻湖周辺は豊かな農産業に恵まれた地方でもあった。太平洋側では都市化が進んで経済活動がせわしく時計の針を刻む時代になっても、ここではまだ時間が緩やかに流れていた。

　妙高山の南山麓に広がる笹ヶ峰牧場には1928年に建てられた京大山岳部笹ヶ峰ヒュッテがある。私が入部したWV部もまたこのヒュッテを中心に妙高山や火打山、焼山の周辺に登る四季の活動を行っていた。赤い大屋根で葺かれたヒュッテの建物は1999年にコンクリート造りへと建て替えられたが、古き赤屋根の風情は残された。このヒュッテなくして京大生の伝統的山岳活動は考えられないと思われているからであろう（登山4回）。

①1950年夏

　私が小学6年生だった夏に上田市立中央小学校は妙高山へ集団登山を行った。燕温泉からカルデラの火口底を登る急坂続きの登山道であったが、私にとっては初めての2000mを超える登山であった。暑い夏の日に、大きな溶岩塊が露出した急坂の山道を地下足袋にゲートルといっ

でたちで登る辛い登山であった。戦時中の教練を思わせるように引率教諭は、"この山にはマムシが多いが、ゲートルをしっかり巻いておけば万が一噛まれても毒牙は通らないのだ"と巻き方を反復練習させた。しかし私の太くて短い脹脛(ふくらはぎ)には何度やってもうまく巻けなかった。

②2011年8月25日（木）　晴のち雷雨、単独行。
コースとタイム：燕温泉登山口6:40－（燕新道）－大倉沢渡渉7:45－長助池－長助池分岐10:25－（妙高山往復）－大倉乗越－黒沢ヒュッテ－笹ヶ峰16:00

　燕温泉から長助池を経由して妙高山へ登る道は昭和30年発行の5万分1図にはなかったが、その後に出版された地図に燕新道として載ったので、この年は新道から長助池を経て登る。出発した時はすこぶる快晴であった。大倉沢の横断地点に架けられた仮橋は細い倒木を数本倒した頼りないものであったから渡るのに時間がかかった。長助池から天候が急変して激しい雷雨になる。稜線に近い長助池分岐点から左をとって岩の露出した道を急登したが、山頂は雨風が強くて早々に退散した。当初予定した帰路は往路と同じく長助沢を下るものであったが、朝に渡ったあの大倉沢の仮橋は増水で流されたに違いないと判断して、予め想定していたエスケープルートの大倉乗越へ迂回して、黒沢ヒュッテから笹ヶ峰へ下山した。

4章　長野・新潟県境と北アルプスの百名山

34　火打山（2462m）

　妙高山、火打山、焼山の三山に黒姫、飯綱、戸隠、高妻を加えた信越七山のなかで最高峰は火打山である。この山はしかし関川流域の一部と信濃町からしか見ることのできない恥ずかしがり屋である。火打山には夏の終わりまで豊かに雪が残り、山頂に近い高谷の池は隣接する黒沢の池とならんで高山植物の宝庫である。壮年期に交通事故死した長兄が学生のころ"まこと絶景なり"と称えていた景観は、19歳になって初めて訪れるまで私には想像の世界であった（登山5回）。

高谷の池に映る火打山（2006年8月）

①1957年　②1959年

　1957年のWV合宿のときに、笹ヶ峰から高谷の池を経由して焼山を往復する途上に登った（高谷の池でテント泊）。1959年は笹ヶ峰から日帰りで往復する。

③1992年10月3日（土）〜5日（月）

　京大ヒュッテがまだ赤屋根の木造小屋だったときWVのOB会が開かれた。翌朝、前夜の酔いを残したまま往時の若者たちは、ヒュッテを出発して妙高山へ、または火打山へと三々五々登っていった。火打山を目指した者は、高谷の池の上部にある天狗の庭に立ち寄って、池に映える草紅葉と火打山を背景にして春山の中央アルプスで逝った仲間の山口勝さんを偲んだのである。

④2006年8月4日（金）　快晴、単独行。

　退職後の夏の日に、東飯綱高原の知人の山小舎を出て笹ヶ峰の黒沢口から火打山へ登った。上記①〜③の頃の私は若かったが、齢も70近くになると脚の衰えは隠せなかった。案の定、火打山の山頂に着くと両脚がつった。それは予想していたことだったから、鎮痛剤スプレーと芍薬甘草湯の服用で切り抜けたが、往年のコースタイムに倍する時間がかかり、それと同時に、昔の体力を記憶の隅におきながら山へ登る侘しさをしみじみと感じていた。

35　高妻山（2353m）

　頸城五山（妙高山、火打山、焼山、金山、雨飾山）のはじめの三つは新潟県に、あとの二つは長野と新潟の県境にある。頸城三山（妙高山、火打山、焼山）のような括り方もあるが、そこに黒姫山、飯綱山、戸隠山、高妻山が含まれないのはなぜだろうか。所在する県にとらわれない北信五岳（妙高山、斑尾山、黒姫山、戸隠山、飯綱山）には長野県の四山に新潟県の妙高山が加わっている。これらはすべて隣り合っているから線引きしても無意味であろう。

　ちなみに、深田久弥が戸隠山ではなく高妻山を百名山に選んだ理由も釈然としない。蟻の戸渡りと西岳を擁する戸隠山は標高こそ高妻山には及ばないが、山岳的魅力と山岳信仰、それに知名度を合わせると高妻山より評価は高くてもよいと思うのだが。また高妻山は山麓からは見えにくく、その存在すら知らない地元民もいると聞く。そこで、本節では高妻山と戸隠山の二山を併記してみよう。

35－1　高妻山
2002年8月16日（金）　曇のち雨、内田早苗君と二人行。
コースとタイム：戸隠牧場6:10－－不動－高妻山10:25～11:00－戸隠牧場15:20

　姪の内田早苗君（「42　四阿山」参照）が高妻山へ登りたいというので同伴することになった。

戸隠牧場から戸隠連峰の稜線上にある一不動までは一直線に谷筋を登る。傾斜が強まり帯岩と不動の滝の鎖場を過ぎてから最後の水場で給水した。ここの水はじつにうまいのである。一不動から右に折れて稜線伝いに縦走路を進む。途中に十体の仏が祀られていた。一「不動」、二「如来」、三「文殊」、四「菩薩」、五「地蔵」、六「弥勒」、七「観音」、八「薬師」、九「勢至」、十「阿弥陀」の順である。高妻山主峰の付け根にあたる鞍部の八丁だるみから急坂の直登となり、私はアキレス腱を思い切り伸ばして登ったが、ノルディック競技の選手だった姪はいたって健脚であった。高妻山頂には巨石が積み敷かれ、そこには祠が置かれていた。近くには岩尾根でつながる乙妻山(おとつまやま)（2318m）が並んでいた。

35-2　戸隠山（1904m）

　この山は日本二百名山に選ばれていても百名山にその名はない、しかし私は戸隠連峰から百名山を選ぶならこの山だと思う。その理由は本節のはじめに述べた（登山5回）。

①1958年8月26日（火）、27日（水）（テント泊）26日の天候は雨のち晴

　例年、8月末に行われるWV部の夏季合宿はしばしば台風に見舞われた。この年も例外ではなく、台風17号が日本海を通過中の26日に私たちのパーティーは、雨を含んで重くなった綿製の中古テントを担いで笹ヶ峰から戸隠牧場へ移動した。

27日は晴のち曇。早朝に朝食を済ませて軽装備で出発する。幕営場から奥社まで1時間、そこから一気に急坂を登って鎖場を過ぎ、難場の切り立った蟻の戸渡を渡って八方睨みに着いた。三角点のある戸隠山頂はその先にあり、ここまでが戸隠山登山の核心部であった。山頂から稜線伝いにアップダウンを繰り返して避難小屋のある一不動の鞍部に着く。ここから北西へ稜線を進めばと高妻山だが、一行はこの日のうちに戸隠から笹ヶ峰へ戻らなければならなかった。一不動から南東へ下がって湧き出る冷水をたらふく飲んだあと牧場の幕営地へ帰る。テントを撤収して笹ヶ峰へ帰ったが、強行軍であったため一同はグロッキー気味であった。

② 2010年8月16日（月）

従弟の次女、水口裕美君が東飯綱高原の借小屋を訪ねてきた。彼女は戸隠山の縦走を希望したので案内することになる。奥社からの急坂をものともせず登る彼女のエネルギーに煽られて私は喘いでいた。岩戸の庇と鎖場を過ぎて蟻の戸渡に着いたが、ここを何度か通った私でもそうだから彼女は腰が引けていた。"腰を低く落として前をよく見て"と声をかけて難所を渡りきる。

戸隠山には高1のときから幾度となく登ったが身体にこたえるようになった。そろそろ卒業どきかもしれない。

（山番号36～44は3章に移す）

ひと休み（5）
危機に陥ったとき思うこと

　コラム（4）では山歩きで遭遇した危機について取り上げました。遭難のタイプや周辺状況によって内容は千差万別ですが、共通するのは命の危機に直面することです。その危機感は当事者の技量と体力、また現場の状況によって違いますが、そのような場面に追い詰められると人は生還しなければならない理由を必死に考えるはず、とくに単独行のときは自分しか頼れないのでなおさらです。

　私はそれに近い状況に陥ったことがあります。コラム（4）の2）に記した晩秋の北八ヶ岳単独行でアキレス腱全断裂の負傷を負ったとき、絶望感に襲われた私を救ったのは、"たとえ脚を一本失おうと生きて戻らなければならない"と思う強烈なアドレナリンを分泌させてくれた子供らの存在でした。

　また、家庭を持つ前のある3月に、コラム（4）の1）に記した山スキーの途中で豪雪に遭遇し、余儀なくツェルトテントの中でビバークしました。一晩に2メートル余も積もった雪との格闘に疲れ果てて危機を感じたとき、心に勇気を与えてくれたのは同行の仲間のほかに研究室で仕事を共にしていた学生たちの顔でした。

　このように、人との絆が生きようとする力を生み出すことを身に滲みて確信したのです。

4章　長野・新潟県境と北アルプスの百名山

45　白馬岳（2932m）

　白馬の二文字は爽やかな風を伴って目に飛び込んでくる。それは童話に登場する"王子さま"がきまったように"はくば"に騎乗して現れるからであろう。白馬岳の地元では、田植え時になるときまって小蓮華山(これんげさん)の東面に"しろうま（代馬）"、すなわち代掻き馬の雪形が現れるから、この名がついたと言われている。だが、農耕暦として利用されてきたこの雪形の色は黒であって白ではない。万が一それが白であるとしても白馬は滅多に代掻きには使役されないものである。

　記録をめくると、日本には"白馬"よりも黒毛か栗毛の"駒"の名がついた山名が圧倒的に多く、地元では融雪期に現れる栗毛の馬形を農耕暦に利用してきたことがうかがえる。だから私は、漢字の"白馬"は受け入れるとしても、読みは"しろうま"とするのがよいのではないかと思うのである。白馬を"はくば"と読ませるのはこの山をポピュリズムに騎乗させたいからではないか。

　昔はこの白馬岳を"しろうま岳"、地元の村落を"よつや"と呼んでいたらしいが、いつのまにか"はくばだけ"と"はくばちょう"になってしまった。地名の読み方は地元の随意であり他所者がでしゃばる場面ではないかもしれないが、他所者の理屈にも一理はあるはずだ。アルプスの豊かな雪解け水が麓の村だけでなく下流の市町村までも豊かに潤すことを思えば、山の呼び名が広く関心を集めても

当然であろう。加えて近年は、膨れ上がった生産消費社会に疑問を持ちはじめた人たちが、これまで豊かだと思っていた北アルプスの水源もじつは有限であることに気づき始めている（登山5回）。

①1953年夏

　上田第二中学校3年生だったとき、生物担当の広瀬先生に引率されて白馬岳へ登ったのが二度目の北アルプス登山であった。当時の私はまだそれほど高い山にはまっていなかったが、そのとき持っていった5万分1図が手元に残っていたので、それを見ながら記憶をたどってみよう。初日は大雪渓を登って白馬岳山頂小屋に一泊し、帰途は白馬鑓ヶ岳（やりがたけ）から鑓温泉へ下った。そこから猿倉までは尾根を越える道（現在は主要なルートになっているが当時からあったのか記憶にない）を通らずに、杓子沢（しゃくし）沿いの荒れた道を下がって二股に出た。この道は、昭和51年発行の5万分1図には記載されており、南股入に沿って湯ノ入沢、六左ェ門滝の名が印刷されているが、いまの地図にはない。山道は廃れやすいのだ。

②1960年10月13日（木）〜16日（日）　晴、松本一人君と二人行。

　京大WVの韋駄天男の別称を持った松本君と一緒に、日本海岸の泊（とまり）から小川沿いに越道峠（こえど）を越えて黒部支流の北俣川に入り北俣小屋に泊まった。二日目は吊り橋を渡って朝日岳までの長い尾根を登り、朝日小屋に泊まる。三日目

4章 長野・新潟県境と北アルプスの百名山

雪倉岳から望む秋の白馬岳（1960年10月）

は朝日岳から雪倉岳と三国境を経て白馬岳に登り、四日目はクレバスが口をあけた大雪渓を下って猿倉へ下山した。

③1961年5月19日（金）〜24日（水）　晴と曇、WV活動の一環として永井聡、駒井謙治郎、和田勝弘の三君と4人行（テント泊）。

　信濃森上から登りはじめて残雪が厚く覆った5月の栂池(つがいけ)に入る。そこから白馬大池を経由して白馬岳三国境まで登り、雪倉岳、朝日岳を経て北俣小屋へ下ったあと小川温泉へ出る予定であった。ところがどっこい予定通りにはゆかず大変な目に遭う。朝日岳から雪の長い尾根を下り終わって黒部源流の北俣川へ着いたとき、疲れきった我々の目に入った光景を私は一生忘れない。雪解けの激流が轟々と音を立てて流れる黒部川支流の北俣川に、架かっているはずの吊り橋が見当たらないではないか。雪解けの洪水で流失

橋桁が流失した黒部北俣川の吊り橋をロープで渡る永井君（1961年5月）

していたのである。今から60年以上も前のことだから、流失したとの情報は二日前に通った栂池小屋には届いていなかった。

　異様な激流を目の前にして私たちは声を失った。行く道を断たれたら来た道を戻るしかなく、それには再び雪に覆われた朝日岳と白馬岳の稜線を2泊3日かけて登り越さなければならなかった。絶望に近い覚悟を決めた私たちを、しかし神は見捨てなかった。対岸に人の姿を見たのである。その日たまたま巡視のために登って来た営林署員であった。激流の音にかき消されまいと大声で声を掛け合い、協働して水没していたワイヤを引き上げる作業に取りかかる。幸いまだ昼前だったから時間があった。私たちは手持ちの鉈で太めの流木を3本切り刻み、それを手持ちのロープで三角錐型に組み上げて、その頂点に水没していた吊り橋の主ワイヤを力ずくで絡ませた。そのあと対岸の営林署

員が手回し道具を使って彼岸の基礎に埋め込まれたアンカーボルトの大ねじを巻き上げ水没していたワイヤの束を引き上げた。この一連の作業で、梯子状に編まれた吊り橋のワイヤ束は辛うじて激流の上に引き上げられた。これなら荷を背負っても一人ずつなら流れに足をとられず渡れると、四人の若者は命がけで渡り切った。

　後日、Simon & Garfunkel の "Bridge over troubled water" を聞くたびに、懸命に働いたこの若い日のことを思い出すのである。

ひと休み（6）
百名山へ登ったあと

　百名山を登ったあとはどこへ登るつもりか、と問われたことがありますが愚問です。私は"何百名山"のような言葉が出回る以前から山里で遊ぶ子供でしたから、故郷の山や丘はすべて名山でした。ですから百名山という言葉は私にとって後付けの言葉なのです。私の山歩きは高山から低い山へと移ってもあの河を渡るまで続くことでしょう。

　ところで、私は二百名山や三百名山のように山々を数字で括る商品化を好みません。そこに観光ビジネスの臭いがするからです。"百"のような数字をつける代わりに「地方名＋山名」程度にしておけばよいのにと思います。山は、自然界に手を加えて片道通行の経済的利益しか生み出せない集団のためにあるのではありません。山は、風土がもたらす自然の恩恵に加えて、それと対峙しながら人生を学び、地球に生かされる術を身につけようと修行する人々のためにある、自由道場なのです。

46　五竜岳（2814m）

　湧き水豊かな北安曇野に降る雨は、仁科三湖で南北二手に分かれたあと、南側の流れは大町から高瀬川となって松本平で梓川を合わせ、犀川に名を変えて短く流れたあと川中島で千曲川と合流して信濃川となり日本海へ流れる。もう一つの北側の流れは、五竜岳、白馬岳の東側に降る雨と頸城山塊からの雨を集めて糸魚川となり日本海へ流れる。

　五竜岳はその糸魚川の源流である。北アルプスの後立山連峰には男性的な山が多いがなかでも五竜岳は私の好きな山だ。男性的で粗野に構えた姿から頼もしい風貌を感じるからである。この山へ登るには、東麓の神城スキー場から遠見尾根中腹の1650mまでゴンドラを使い高さを稼げる時代になった。あとはリフト終点の地蔵の頭から五竜岳山頂までの標高差1300mが残るだけである。この遠見尾根ルートは後立山の稜線へ登る北アルプスらしい雰囲気のある道であり、私は隣接する北側の八方尾根ルートより好きである（登山2回）。

①1975年8月13日（水）　上田博之、藤本信行の両氏と3人行（テント泊）。

　後立山とは白馬岳から南へつながる北アルプス主稜の北半分を指す。つまり富山平野から見て"立山の背後"にある山という意味だが、その南端が針ノ木峠なのか、それとも烏帽子岳なのかは定かでない。私は裏銀座という世俗的

な名称部分も含めて三俣蓮華岳(みつまたれんげ)までを後立山連峰と呼んだらよいのではないかと思っている。その後立山全山縦走に上田博之、藤本信行氏と3人で3年かけて挑戦した。初日は白馬岳大雪渓を登って天狗池にテントを張り、頑張って運び上げた西瓜を雪渓で冷やしてカブリついた。翌日は不帰キレットを通過して白岳まで、2日後の朝に五竜岳へ登頂する。

②2014年10月8日(水)、9日(木) 晴ときどき曇、三谷道治さんと二人行。

台風が日本列島にもたらすのは暖気と大雨ばかりではない。地球温暖化が進んでも10月ともなれば、秋台風が通過したあと北アルプスから初雪の便りが届いた。
コースとタイム:8日(水)神城・鹿島槍スキー場ロープウエー駅-遠見尾根リフト上部駅8:45-小遠見-西遠見-白岳-五竜山荘14:30(泊)-五竜山荘8:00-(大黒岳経由)-唐松小屋(唐松岳往復)-兎平ロープウエー上部駅14:30-山麓駅

スキー場の基部から小遠見の稜線までロープウエーを使って高度を稼ぐ。小遠見から西遠見までの登行に危険はなく、左側の樹木を通して秘境カクネ里を眺めながらの尾根道であった。西遠見まで来ると、遠見尾根という肋骨を北アルプスの背骨へ接着剤で貼り付けているような痩せたキレットがあり、通過するのに気をつかう。そこを過ぎると灌木がまばらに生えた急登となり鎖場もいくつかあった。

4章　長野・新潟県境と北アルプスの百名山

初雪の五竜岳（2014年10月）

耐えてそこを登りきると白岳頂上への分岐点があり、右をとって白岳山頂に立つ。北望すれば唐松岳と白馬岳、西望すれば五竜岳とその背後に剱岳を見ることができて素晴らしい眺めだ。五竜山荘は白岳の陰に隠れるように建っていた。

　翌朝9日、五竜岳は台風18号がもたらした雪で2500m以上が雪化粧していた。雪をまとった五竜岳の白い北壁を眺めた二人の高齢登山者は登る意欲を削がれていた。目を北に転ずると唐松岳へ続く尾根筋には雪が少ない。凍結個所もないだろうと二人は北へ向かうことにした。雪は少なかったが大黒岳への登りは急坂であった。登り着いた唐松小屋から唐松岳山頂を往復する。晴天下、脚下へ切れ落ちた不帰（かえらず）キレットの圧倒する岩鋒と白馬鑓ヶ岳から白馬岳への胸壁を眺めていると、39年前にこのキレットを通過したときのこと（46の①参照）が思い出されて、再びここを通

ることはあるまいと感無量であった。

　しばらくすると、八方尾根の上に年齢相応の雲上散歩を楽しむ下山者二人の姿があった。

47　鹿島槍ヶ岳（2889m）

　均整のとれた鹿島槍ヶ岳の双耳峰と神秘的なカクネ里の俯瞰絵図は、私の記憶に焼き付いて消えることがない。この双耳峰は北アルプスの多くの山巓から遠望できるが、それとは対照的にカクネ里は名のごとく〝かくれ里〟であり、ふつうは遠見尾根からしか見ることができない。その里へ入ろうとしても一般登山道はなく、無雪期には熟練者でも入山が困難と聞いていた。長らく秘境であったから学術調査も遅れていたらしく、21世紀に入ってようやくこのカールの雪渓底部が日本で4か所目の氷河に該当するらしいと報告された。この発見と調査結果を歓迎すると同時に、軽薄な登山ブームによってこの貴重な秘境が傷つけられることがないように願っている。

1975年8月13日（水）　晴　（「46　五竜岳」①から続く）。上田博之、藤本信行の両氏と3人行（テント泊）。

　八峰(はちみね)キレットだけでなく五竜岳からキレットまでの細い岩尾根はなかなかの難所である。急がず慌てず注意を集中して歩き、傾斜した稜線の岩陰に張り付くように建ってい

4章　長野・新潟県境と北アルプスの百名山

る八峰キレット小屋に着いた。ここからキレットを渡り、続く鹿島槍北峰への登りは足のすくむ急登であって危険な個所も多かったが、なんとか凌いで北峰に到着した。この登りの途中で見下ろした左の信州側には、その切れ落ちた崩壊岩壁とガレの谷底にカクネ里があった。だが、この神秘にみちた圏谷に人影はなかった。北峰と南峰を結ぶ吊り尾根には雪渓が残っており、南峰には北峰より標高が高いぶん素晴らしい展望がひろがっていた。南に爺ヶ岳、その先に燕岳から槍ヶ岳、穂高連峰までが見える。上空には夏空が広がっていた。

　爺ヶ岳に向かって下がる。布引山を越えて冷池小屋を過ぎると、東の赤岩尾根から登山道が合流した。その先を登ってピークを一つ越えると爺ヶ岳の広い山頂につく。ここから縦走路は西へ転じて這松の中を下がり赤屋根の種池小屋に着いた。小屋から西に離れた指定幕営場にテントを張ったが、そこで直面した不衛生な環境には閉口した。翌朝、扇沢へ下山する。

　昨今、北アルプスにおける指定テント場は楽しい所ではなくなったようである。小屋の混雑を避けてテントを持参する登山者が増えたことも一因だが、彼らの善性を信じてマナー遵守が期待できた時代は過ぎたようだ。振り返れば私の山歴もけっして反省を免れるものばかりではないが、登山者の数が、山岳環境の受け入れ可能な限度を超えた結果、登山は日常生活の延長線上にあるものと誤解する輩が四季を通して増加し、山は荒れてきた。ビジネスとマスコミが登山の普遍化を無責任に広げた結果であろう。都会の

水処理施設が山にもあると思っている輩が増えたのである。たとえ携帯トイレが普及しようと公衆衛生を中心とするマナーの普及が追い付かなければ、抽選によって入山者数を制限し、それに加えて入山料を徴収して入山学習を課すしか手がなかろう。登山マナーの自然定着を期待することはもはや不可能である。

　私の後立山縦走は、このあと年を改めて針ノ木岳から蓮華岳、船窪岳、烏帽子岳、鷲羽岳、槍ヶ岳、燕岳、さらに餓鬼岳へと続いた。

（「53　鷲羽岳」①へ続く）

ひと休み（7）
山は大切な生きがい

"きみの生きがいはなにか？"と問われたらどう答えますか？　家族や周りの気配を気にしながら私は、"それは山を歩いて山を想うこと。そこには過去、現在、未来の私の姿が見られるから"と答えるでしょう。さらに、"山の中に我が身を置くと、一人であれ集団であれ、富んでいようが貧しかろうが、心が謙虚になり素直な自信が身につくと信じているから"とも。

　山は森羅万象の収蔵庫、愛でたい花鳥や景色だけでなく、自然の厳しさと危険も教えてくれます。時が移り登山スタイルが変わろうと、謙虚に向かい合う心があれば山は人を受け入れてくれます。でも忘れないでください、山は人に奉仕する使用人ではないということを。地球の生い立ちとともに人の遺伝子に刷り込まれてきた自然界に生かされているという記憶、それを人は社会の大都市化によって忘れかけています。その記憶を蘇らせてくれる修行道場が山なのです。だから山を歩く人はこの道場を護り、傷ついたら修復しなければなりません。なにしろ大都会とその周辺は自然環境の破壊と改造に満ちていますから。

　一方で、自然環境は予側できない現象に満ちた手強いパートナーでもあります。自然現象は地球という惑星の個性ですが、手強さは人が居ることによって作り出されるものです。いま、地球環境が傷ついているのは後者のタイプですから、それが人類の存続に関わる危機的なものであれ

ば、なおのこと、あなたと私が取り組まないわけにはいきません。でもあなたは大都会の中に閉じこもり、自然界から受けてきた、また明日も受けるであろうその恩恵の大きさに気がついていません。ましてや、そこから酷いほど搾取してきたことなど気にもしていないのではありませんか。

4章　長野・新潟県境と北アルプスの百名山

48　劔岳（2999m）

　劔岳登山の黎明期は明治維新後と言われている。日本の山の多くは山岳崇拝の対象として古くから登られてきたが、なかでも劔岳(つるぎ)は特異な存在であった。劔岳登山については、明治以降に西欧アルピニズムが輸入されるまで、武士や傑人また伝説上の人物による登山の言い伝えはあっても確とした記録はない、と冠松次郎は書いている（冠松次郎『劔　岳』第一書房、昭和4年刊）［文献4］。おそらく険しすぎて危険であり登る人がほとんどいなかったのであろう。加えて、越中地方には古来、立山登山が山岳崇拝として根づいていたこともあっただろう。

　昭和に入って劔岳は全国の山岳愛好者を惹きつける聖地になった。ことに明治以降の西欧型アルピニズムの普及

劔御前から劔岳を望む（1957年8月）

は、社会的束縛から解放されたい若人たちを剱岳や谷川岳へ惹きつける導火線になった。私も剱岳へ二度登った。はじめは大学へ入学したとき、二度目は木村大作監督の映画「点の記」を三回鑑賞したあとであった。この映画は、剱岳山頂へ三角点を設置するという明治政府の難事業を舞台にして近代登山の黎明期を描いていた（登山2回）。

①1957年8月11日（日）〜14日（水）　植田義人君ほか2名と4人行。
コース：追分小屋－雷鳥沢－剱御前小屋（泊）－剱沢小屋－（前剣）－剱岳山頂－剣山荘－剱御前小屋（泊）－大汝山、雄山－一ノ越－ザラ峠－五色小屋（泊）－立山温泉跡－（軌道歩き）－千寿ケ原

　大学に入学していきなり登った北アルプスの山が剱岳であった。それまでに登った北アルプスの山は、いずれも中学生のときに引率されて登った白馬岳と御嶽山だけであったから、引率されずに登ったのは剱岳が初めてであった。大学では山岳部への入部を両親に反対されてWVへ入部したこともあり、その鬱憤を晴らすように夏休みに入るとすぐにWV同期の植田義人君と東京女子大の友人二人の4名で剱岳へ出かけた。なんとも血気に溢れていた頃であった。

8月11日（日）　曇
　追分小屋から天狗平を経て雷鳥沢を登り剱御前小屋に泊

まる。

8月12日(月) 晴のち曇、夕方雨

　晴天の早朝、西の早月尾根から東の八ッ峰まで対称形に翼を拡げた劔岳の雄姿にすっかり見とれて白黒フィルムに収め、今日はあの山へ登るのだと勇んで小屋を出た。いったん劔沢小屋まで下がってから、山腹の巻き道を劔山荘を経て前劔の険しい道を登る。前劔を越えて平蔵谷の頭へ下り、一段と気を引き締めてさらに険しい本峰の岩場に取りつく。固定された鎖と梯子を伝って三点確保しながら、垂直に近く感じる岩壁と岩溝を登ると、岩石が積み重なる山頂部の西肩に出た。小祠の置かれた山頂にはすでに数名の登山者と雷鳥の親子がいた。

　近代登山黎明期の明治時代、劔岳への初登攀(とうはん)者という名誉が受けられたはずの登山者は、山頂近くに一本の錆びた錫杖(しゃくじょう)が置かれているのを発見した。おそらく、その登山者と昔の密やかな修験者とは無言で向き合い、しばし敬意を交わしたことであろう。

　私たちはまだ未成年であったが、この山頂から下山する時に恐怖を感じないほど大胆ではなかった。重力の誘惑に逆らいながら登路と同じルートを平蔵谷の頭へ下がり、もう一度前劔を越えて劔御前小屋への巻き道をたどった（往復6時間）。

②2009年8月27日（木）、28日（金）　三谷道治さんと早月尾根を登る。

コースとタイム：馬場島荘 7:00－早月小屋（正式には佐伯伝蔵の小屋）12:45

8月27日（木）　薄曇

　薄日が射す蒸し暑い日であった。登りはじめた早月尾根の左側に小窓尾根、右側に室堂乗越が雲の合間に透けて見える。尾根の上には樹齢の高い杉の巨木が茂り、屋久杉のように高さと樹勢はないが京都北山の台杉に似た多雪地帯特有の奇形化した巨木が多かった。

　坂道を登った平坦地には休憩ベンチが置いてあった。その標高1100mあたりから登りが急になり、坂道は途切れることなく1900mの伝蔵小屋まで続いた。途中に目立った岩場はなかったが木の根が這った歩きにくい道であり水場もなかった。到着した伝蔵小屋の宿泊客は7名、小屋の中はきれいに整頓されており明日から混むという。小屋の

霧の中、早月尾根カニのハサミを渡る三谷さん（2009年8月）

飲み水は雨水のほかに室堂からヘリで運んでいると聞いたが、馬場島から吊り上げるより室堂から水平に運ぶほうが燃費が節約できるのであろう。

映画「点の記」に描かれていた明治期の早月尾根には道も標識もなかったから、三角点の石標を運び上げるのは大変な難事業になったため断念したという。この日の私たち二人は先人たちが拓いた登山道を彼らの労を思いながら汗水流して登ってきたのであった。

8月28日（金）　曇と霧
コースとタイム：早月小屋 4:35－（朝弁当持参で出発）－剱岳山頂 8:20～8:40－伝蔵小屋（昼食11:45～12:35）－馬場島荘17:00

出発時に小屋主から"ポツリときたら引き返しておいで"と言われたが、幸い降られずに往復できた。伝蔵小屋の上から尾根の傾斜は強まり、「カニのハサミ」までは足元が崩れやすくて気の抜けない道である。岩場の「カニのハサミ」は鉄鎖を伝ってトラバースし、続く急斜面の岩場も鎖に手をかけながら登って山頂の西肩に出た。そこは剱沢ルートとの合流点であり、52年前にも剱沢から登ってきたところであった。山頂に達すると当時とよく似た剱岳神社の小祠が置かれている。記憶が甦った（前記①参照）。
"よくぞこの脚で登ってこられたものよ、有難う"と連れの三谷さんに感謝して岩に腰をおろす。感激がこみあげてきた。2年前の11月に北八ヶ岳で左アキレス腱を断裂して

以来、いまだにリハビリ中である左脚を摩りながら声を掛けてねぎらう。流れる雲の合間から時折展望が開けた。"何十年ぶりであろうか、ああ52年も前のことだったのだ"と記憶が甦り感動で肩が震えた。

　下山時は脚をかばいながら気を抜かないよう登りに倍する注意を払い、張り付くように「カニのハサミ」を通過した。そのあとに続く滑りやすい砂礫の急斜面は腰を低く落としたストック操作で通り抜け、無事に伝蔵小屋へ戻る。ここでもう一泊する予定だったが天候が怪しくなってきた。小屋の主人は"昨夜、富山の灯が揺れとったから今夜は降るべ。雨中の下山は辛くなるよ"と言う。一息ついたのも束の間、無理を承知で下山することにした。

　下山中に大腿四頭筋とリハビリ中の左アキレス腱が痛みはじめたので、芍薬甘草湯を早めに服用して血行を促進し、鎮痛用スプレーを噴きかけながら馬場島へ下がった。アキレス腱全断裂から２年後のリハビリを兼ねた山行きとしてはハードな登山であったが、頼りになる同行者の励ましがあって完遂できた。しかしその酬いはてきめん、帰宅後は一週間ほど強い筋肉痛に悩まされた。

<u>49</u>　立山（大汝山3015m、雄山3003m）

　立山は劔岳へ登る者がいなかった昔から山岳信仰の山として登られてきた。当時のおもな登山口は弥陀ヶ原の南を流れる常願寺川上流にあった立山温泉だが、江戸時代末に

4章　長野・新潟県境と北アルプスの百名山

常願寺川上流の鳶山(とんびやま)が飛越地震で大崩壊し、立山温泉はやがて姿を消してしまうことになる。映画「点の記」には明治時代にまだ存在していた登山口温泉地の様子が再現されていた。

　今の立山登山者たちは、富山と大町から電車やバス、ケーブル、ロープウエーを乗り継いで室堂まで登ってくる。しかし戦後は昭和30年代の後期までそのような交通手段はなかった。唯一、富山側のケーブル美女平駅からボンネットバスに乗って弥陀ヶ原の追分小屋まで上り、そのあと歩荷人と山道を前後しながら天狗平を経由して室堂と雷鳥沢まで歩いて登ったものであった。それから70年が経ち、かつては電源開発と黒四ダムの建設で輝いた"黒部の太陽"も、いまは電源の多様化がもたらした時代の変化によって影が薄くなった。

　とはいえ、登山者と入れ替わるように観光客が急増した。侏儒(しゅじゅ)の群れは彼らの行動が環境破壊の原因になっていることなど毛頭考えていない。70年前は地球環境問題のような概念も意識もなく、ましてや地球温暖化現象も顕在化していない時代であったが観光客も少なかった。当時とは対照的に変わってしまった現状を見て、往時の登山者であった私は忸怩(じくじ)たる思いをぬぐいきれないのである（登山2回）。

①1957年8月13日（火）　雨のち曇（「48　劍岳」①から続く）

　私は立山へ2度登ったが晴天に恵まれたことがない。劍

143

岳へ登った翌日に劔御前から大汝山、雄山と歩いたが雨とガスの中だった。雄山へ参拝して縦走の安全を祈願したあと砂礫の坂道を駆け下りて一ノ越に着き、ふたたび浄土山へ登りなおして竜王岳と鷲岳、鬼ヶ岳の肩を抜けザラ峠へ下る。ここまでは雨の中だったが、ザラ峠では雨雲の下に視界が開けていた。峠から南へひと登りして五色ヶ原の小屋に着く。夕食に五色豆は添えられていなかった。

8月14日（水） 曇のち晴

　再びザラ峠へ戻る。そこは常願寺川の支流、湯川谷の源頭であり、西側へ崩れ落ちている谷は、江戸末期に五色ヶ原の鳶山が大崩壊を起こした以後も崩壊し続ける厄介なところである。国は大規模な治山工事を行っているため谷道は絶えず付けかえられ予測できない。

　この大工事を見て私は考えた。大地は歪みのエネルギーを放出して低エネルギー状態へ移る変化を続けているが、人はそれに抗して土木エネルギーを加え、その変化を元に戻そうとしているのではないか。だから大地は再び崩壊を繰り返す。ただ人間はその間隙を縫うように働いて利を生みだし、その営みを発展と呼んでいるのであろう。

　峠からの下りは順調であった。火山地帯だから蛇が多いと聞かされていたがそれもなく、昔の立山登山口であった温泉跡も知らぬまに通り過ぎた。峠から下がること3時間で道は右岸に移り、谷の急斜面につけられた工事用軌道を歩くようになる。時折通り過ぎる工事用の軌道車両に便乗を願い出るも断られるだけであり、結局千寿ヶ原駅（富山

地方鉄道）まで5時間の道のりを歩いた。疲れていたが一行は気丈を装っていた。

②1958年7月25日（金）～28日（月）　WV活動、ダイヤモンドコース縦走退却記。

　表銀座、裏銀座の両縦走路と並んで立山から槍ヶ岳までの縦走路をダイヤモンドコースと呼ぶらしい。1958年の夏に7名の京大WV部員はこの縦走に挑んだ。

7月25日（金）　曇のち雨（テント泊）
　富山は曇っていたが美女平から強雨となりずぶ濡れになる。加えて満員の定期登山バスが予定遅れの皇女清宮貴子一行と鉢合わせしたために、追分小屋の手前で離合待ちに長時間待たされた。敗戦後13年も経ったというのに国民の扱われかたはこの有様であり、車内の空気は険悪になる。追分小屋からは雨中を歩き、天狗平新道を経由して室堂平へ着いたが、幕営地は一面の水田状態。排水溝を掘りテントを張ったが、夜半に風雨が強まり予想以上の水攻めに遭う。

7月26日（土）　風雨強し
　昨夜はまんじりともせず、テントのポールを支えながら濡れてゆく寝袋の上で時間を過ごした。夜明けを待たずに室堂小屋へ避難したが、そこは同じような幕営地からの避難者で溢れており、ケンもホロロに追い返される。幸い、北へ10分ほど下ったミクリガ荘が受け入れてくれるらしい

との情報を得て移動した。山荘管理人に感謝して3階天井裏にもぐり込んだが、やがてそこも避難者で埋まった。

7月27日（日）　雨ときどき曇
　朝方、風は強かったが雨脚は弱まる。この悪天では劔岳への登山を諦めざるを得ないと決めて、ダイヤモンドコースの出発地を劔岳から立山へ変更した。ミクリガ荘を出て室堂から一ノ越へ登り、一の越山荘の外壁際にキスリング（登山用ザック）をデポ（負荷を軽減するため、途中にまとめて置くこと）して雄山を往復する。山頂には雨天を押して登って来た登山者が数組いた。一ノ越に戻って荷を背負い直し、浄土山を通ってザラ峠へ下る。五色ヶ原では小屋に泊まったが、それは宿泊代の節約よりも濡れた寝袋を乾かす必要があったからである。だが小屋のラジオは960mbar（ミリバール・現在はヘクトパスカル。1991年まで使われていた大気圧の単位）の台風が潮岬へ接近中と伝えている。相談した結果、強行派が折れて明朝の天候が悪ければザラ峠から下山することになった。

7月28日（月）　雨ときどき曇
　早朝、暗い東の空に針の木岳が浮かんで見える。雨は止むだろうと早い朝食を済ませて待機したが、ふたたび風雨となった。皆は腹を括ってふたたびザラ峠に戻り常願寺川を下る。立山温泉跡まで下って南を見遣ると薬師岳の上に青空が見えるではないか、靴を踏み鳴らして悔しがる。
　右岸を軌道敷まで登り直して昨夏と同様にインクライン

と軌道車への便乗を申し込んだ。一度は断られたが諦めずに懇請すると願いが通じて許可が得られ、千寿ヶ原まで便乗できた。あとは富山駅のベンチで眠りこける。

謝辞：便乗させていただいた工事現場の皆さんに感謝します。

50　薬師岳（2926m）

南北2峰からなる北アルプス屈指の大きな山体を有するこの名峰に登ると、北は劔岳、白馬岳から南は槍・穂高連峰までの展望がずらりと広がり、まるで歌舞伎の顔見世舞台のようだ。脚下に切れ込んだ黒部源流の谷は北アルプス登山の開拓史の舞台となった秘境であり、山歩きをする者の心を鷲づかみにする。

登山路は1960年に有峰ダムが完成したあと有峰峠から登るルートが一般的になり随分と楽になった。とはいえこのダム建設には長期にわたって紆余曲折があったと聞いている（登山3回）。

①ダイヤモンドコース縦走の途中に登山：WV活動。有本和彦、植田義人、四宮雅泰、徳永正晴、永井聡、村上晨一郎君と7人行（テント泊）。

1959年7、8月：台風のために途中で下山せざるをえなかった前年の山行きに、翌年、6名の仲間とリベンジした記録である。2年続いた荒天による退却に懲りて、この年

はゲンを担いで立山ルートの代わりに針ノ木峠越え五色ヶ原入りのルートを選んだ。扇沢から針ノ木峠を越えて黒部の谷に入り、黒部川を渡って五色ヶ原に登る。黒四ダムが竣工する前のことであり平の渡しがまだ存在した。五色ヶ原で昨年のルートを引き継ぎ、越中沢岳を越えてスゴ乗越へ下り、さらにスゴの小屋から間山を越えて薬師岳の山頂を踏んだ。北峰と主峰の間から金作谷が黒部川源流へ流れ込む壮大な景色を見て、若者たちは大いに感激する。

　山頂から南へ広い尾根を緩やかに下がると東南稜との分岐点があった。季節は夏であったから気がつかずに通り過ぎるほど広い尾根の分岐であったが、4年後の厳冬期にここで愛知大生13名の若い命が失われるという悲惨な冬山遭難事故が起こったのである。いまはこの分岐点に遭難碑が立っている。私はこの事故のあと現場を二度通ったが、そのたびに地形を観察して若者たちがなぜ吹雪の中で方角を

薬師岳北峰（前）と南峰（主峰）（1959年7月）

見失ったのかを考えた。いまはこの分岐点の西に薬師岳山荘が新たに建てられている。

さて、縦走中の私たちに記憶を戻そう。分岐点から右へ稜線を下がり、小さな雪渓の残る窪地を過ぎて薬師峠へ着いた。その先には太郎平の小屋が見える。その日は太郎平の先まで進んで北ノ俣岳の近くに幕営した。

夜間になると晴天の放射冷却が強まり予想以上に気温が下がった。そのため翌朝の食事当番は凍てついた水場での氷片集めからはじまり、前夜に水を汲んでおくべきだったと後悔する。

(「51　黒部五郎岳」へ続く)

②1961年の夏、研究室の山仲間と有峰湖から黒部源流を渡って雲ノ平へ登ったが、その途上で薬師岳を往復した(「53鷲羽岳」②参照)。薬師沢小屋の近くでは高天原峠からの大東山道で滑落死した遭難者を運ぶ救助隊列と出会い、強烈な衝撃を受けた。それと同時に救助隊の任務の重さに頭が下がったのである。

③2015年9月、三谷道治さんと有峰湖から太郎平小屋を経て登る。

ひと休み (8)
生と死の分かれ目

　薬師岳にまつわる生の話と死の記録を紹介しましょう。

　それほど昔ではないある晩秋の日、薬師岳の北尾根にあるスゴの無人小屋に疲れ切った単独行の若い男がやってきました。誰もいない小屋で彼は激しい腹痛と発熱に襲われたのです。医師であった彼は自分の症状が命にかかわる急性虫垂炎であると自己診断しましたが、同宿者はおらず移動もできず、他の小屋や山麓への通信手段もない頃でした。万策尽きて彼はありえない決断を下したのです。十分に沸騰させた熱湯で携行していた刃物を消毒して、覚悟の気持ちを確かに保ち、己の腹を開いて患部を切除したあと縫合を済ませて気を失いました。そのあと幸運にも発見された彼は命を取り留めたのでした。この語り伝えの真偽のほどはともかく、往時の北アルプス登山の厳しさと登山者の生への執念が後世へ伝えられています。

　前記本文中の縦走①のあとに起きた悲しい遭難事件のことです。1963年の冬に３８豪雪（サンパチ）（北陸地方を中心に、約１か月にわたり東北地方から九州にかけての広い範囲で起こった雪害）が日本列島を襲いました。そのとき薬師岳で冬山登山を実施していた愛知大学山岳部の一行は、猛烈な雪風の中、主稜を下山中に、東南尾根との分岐点で正しい方角を見誤り東南尾根に迷い込んでしまったのです。その結

果、13名全員が暴風雪の中に命を落とすという、まことに痛ましい遭難事件となりました。東南稜の分岐点と太郎平の二か所に、失われた若者たちの遭難慰霊碑が立っています。合掌。

51　黒部五郎岳 (2839.6m)

　峩々たる岩壁に囲まれた黒部五郎岳のカールは私の大好きな山の楽園である。できればテントを張っていつまでも過ごしたい思いを抱くところだ。

　　静逸な山の庭園は花に満ち
　　雪渓の合間に巧みに配置された岩と水の流れが
　　五線譜の上に山の歌を奏でる
　　そのとき時計は動きを止めていた

キザな詩文だが、往時のメモ帖に残されていたこの文を発見したとき、私はそれを修正したいとは思わなかった。黒部五郎岳に一目惚れした若さをいとおしく思ったからである。学生のころに訪れた北アルプスには似たような思い出が少なからずあるが、それは若者に共通する感受性なのであろう。

1959年7月28日（火）～8月5日（水）　ダイヤモンドコース縦走の途上で登る（テント泊）。
　風による荒天のために五色ヶ原から退却を余儀なくされた前年の縦走であったが（「49　立山」②参照）、この夏はそのリベンジを針の木峠を越えて入った五色ヶ原から再開した（「50　薬師岳」①参照）。幸運にも雷雨に一度見舞われただけで好天に恵まれ、全行程9泊10日を踏破した。な

4章 長野・新潟県境と北アルプスの百名山

三俣蓮華岳から見た黒部五郎岳のカール（1959年8月）

かでも記憶に刻まれているのが黒部五郎岳のカールである。この縦走日程をまとめて記す。

扇沢を出発－岩小屋沢出合（泊）－針ノ木峠－針の木谷出合（泊）－平－苅安峠－五色ヶ原（泊）－越中沢岳－間山（泊）－薬師岳－太郎平－上ノ岳（北ノ俣岳）（泊）－中股乗越－（黒部五郎岳を往復したあとカール経由で）－黒部五郎小屋－三俣蓮華岳（山頂東下のカール泊）－（三俣小屋経由で雲ノ平を往復）－双六池（泊）－（午前に西鎌尾根経由で槍ヶ岳を往復）－弓折岳－抜戸平（現在の秩父平、雷雨襲来、泊）－抜戸岳－笠ヶ岳－（クリヤ谷下降）－槍見温泉（泊）－中尾峠越え上高地へ

　仲間とならんで撮った懐かしい白黒写真が手元にある。思い出深いものばかりだが、なかでも黒部五郎岳カールは

すばらしかった。その写真は見るたびに記憶を鮮明に蘇らせる。

(「53 鷲羽岳」へ続く)

52 黒岳（水晶岳）(2986m)、赤牛岳 (2864m)

　2004年の初秋に黒岳経由の赤牛岳登山を計画して大町まで行ったが、まだ遠くにあった台風が予報コースから逸れそうになく引き返した。この記録はその翌年にリベンジしたときのものである。

　北アルプスを歩いていると、その中央部らしきあたりに赤茶けた山が見える。それが赤牛岳である。北アルプスの中心はどこかと問われて多くの人は"雲ノ平"と答えるだろうが、私はそれに黒岳と赤牛岳を加えたい。なかでも登りたかったのは赤牛岳であった。高さは黒岳に比べて控えめだが、黒部峡谷のド真ん中に寝そべる赤牛のように、その山体には捨てがたい魅力があるからだ。そこへ至る道は水晶小屋から黒岳を経由して往復するか、または黒部湖の奥から長い読売新道を登るものになる。後者は登った後に水晶小屋まで長く歩かねばならないから辛いだろうと思い、私は水晶小屋から往復することにした。

　ところで、百名山に登録された黒岳ではなく、赤牛岳から語りはじめるのはルール違反だろうと誹られそうだが、私にとって赤牛岳も黒岳（水晶岳）も一体なのである。裏銀座縦走路からわずかに逸れた黒岳へ登った人はたいてい

4章　長野・新潟県境と北アルプスの百名山

黒岳（水晶岳）北峰から赤牛岳まで続く稜線（2005年7月）

赤牛岳まで足を延ばしたいと思うであろう。加えて"赤と黒"の組み合わせが仏文学作品を思わせて気になる。本節ではこの二つの山を併せて記す。

2005年7月19日（火）　雨と風、単独行。
コースとタイム：七倉山荘－（車に便乗）－高瀬ダムサイト－濁沢登山口6:10－烏帽子小屋10:50～13:00－（烏帽子岳往復）－烏帽子小屋15:00（泊）

　北アルプス最深部の黒岳へ登るには裏銀座縦走路を通るのが一般的であり、その登山口は北アルプス三大急登の一つであるブナタテ尾根である。この尾根への取り付き地点は高瀬ダムサイトの濁沢にあり、そこからいきなり急坂が立ち上がった。先を歩く者の山靴がいつも鼻先にあるような坂道であるが、路は整備されて危険なところは少ない。

登りも後半になると濁沢の水音が遠くなり、稜線が近くなると傾斜が緩んでひょいと烏帽子小屋に着いた。4時間半の我慢の登りである。

　小屋に荷を置き烏帽子岳を往復した。1979年に訪れたときは快晴であったが、この日は雨混じりの強い西風が吹いていた。風が息を継ぐ間をねらい烏帽子岩の狭間から東沢を越えて西の赤牛岳を展望する。当夜の同宿者は9名、夜は寒かった。

7月20日（水）　高曇、風強し
コースとタイム：烏帽子小屋 5:55 －野口五郎小屋（小屋主とお茶の時間）－野口五郎岳山頂 10:00 －東沢乗越－水晶小屋 13:00（泊）

　樹木がほとんど見られない裏銀座の稜線上を風が冷たく吹きぬけていた。石積みの壁に囲まれた野口五郎岳の小屋に立ち寄ると"お茶でもどうかね"とすすめられてしばらく歓談する。小屋を出てずんぐりと大きな野口五郎岳山頂を越えて西に下る。東沢乗越を過ぎて痩せ尾根を歩き、水晶小屋を目指して急坂のザレ道を登った。

　小屋に着いた昼過ぎから薄日が射しはじめる。槍ヶ岳から穂高連峰にかけて多重折りの金屏風が広がった。左翼は北鎌尾根、それを越えた向こうに常念岳と大天井岳、右翼の前景には抜戸岳から笠ヶ岳への稜線が、中央に槍・穂高の峰々を据えて一斉に輝き始める。顔見世総見のように豪華な北アルプス展望台に立ち、私はこの時空に居合わせ

た幸運に満たされていた。

　水晶小屋は定員20名の小さな小屋である。宿泊は予約制で、予め三俣小屋を通して電話で予約していた。当夜の同宿者は13名、近畿以西は私のほか1名であった。

7月21日（木）　稜線上は晴
コースとタイム：水晶小屋 6:00－黒岳南峰－温泉沢源頭－赤牛岳 9:50～10:15－黒岳南峰－水晶小屋14:00（泊）

　風は穏やかで終日晴天の予報である。黒岳と赤牛岳を往復するには絶好の日和であった。

　黒岳には南北二つの山頂がある。その二つを越えて北に延びる幅広の稜線は北アルプスの心臓隔壁に似ている。東沢、岩苔谷、黒部本流と上の廊下、この三つの水源から流れ出る豊かな水量を仕切るのが高山植物に覆われた黒岳・赤牛岳の山稜である。

　黒岳から歩いて3時間、赤牛岳の山頂に着いた。そこには筆に尽くしがたいほどの北アルプス展望が拡がっていた。見渡す限り360度が北アルプスであり黒部の秘境であった。私は長年の念願が叶い、感激の中に時の経つのを忘れていたが、長居できる時間はそれほどなかった。

　往路で撮れなかった花や岩の写真撮影に復路で時間をかけすぎたためか、黒岳北峰への登りは疲れた脚には長く感じられた。その夜は水晶小屋の2晩目、同宿者は渓流釣りを含めた17名でほぼ満床である。

7月22日（金）　晴
コースとタイム：水晶小屋5:40－野口五郎岳－烏帽子小屋11:45－（ブナタテ尾根）－濁沢登山口15:00－七倉山荘

　往路と同じ道を引き返す。アルプスの登山シーズンはこの週末から夏のハイピークに入り、行き交う登山者の姿が多くなった。野口五郎と烏帽子の間で5名、烏帽子小屋で20名、ブナタテ尾根で20名を数えた。ブナタテ尾根に携帯電話使用可能と書かれた掲示があり、そこから下山後の車の予約を試みたが通じなかった。
　尾根の下りで著名な人物とすれ違う。それは登山家の田部井淳子さんであった。単独登山の女性と行き交ったので普通に挨拶を交わしたが、私の後ろを歩いていた女性が"あら先生、お久しぶり"と立ち止まって会話をはじめたではないか。先生……？　私の記憶から田部井さんのポートレートが浮かんできた。私はただ挨拶しただけだが田部井さんを間近に見たのはこの一度だけ、二度目はもう叶わない。

53　鷲羽岳（2924.2m）

　北アルプスには背骨となる太くて長い山稜が南北に三本走っている。一つは剱岳と立山から南へ延びるもの、その二は日本海から立ち上がって朝日岳、白馬岳から針ノ木峠・鷲羽岳を通り槍ヶ岳まで連なるもの、その三は餓鬼

岳・燕岳から槍ヶ岳・穂高を通って乗鞍岳まで伸びるものである。一と二が合流する扇の要に三俣蓮華岳（2841m）が位置する。この北アルプス総図を眺めると三俣蓮華岳が重要な位置に置かれていることに気づくであろう。深田久弥はしかしこの山を百名山に選ばなかった。山の評価方法は難しく魅力に関しては個人差があるだろう。だが、地理的評価には普遍的尺度が適用されるから、三俣蓮華岳の評点は高くなると思っていた。それにこの山が抱える雪渓とお花畑はとても魅力的なのだ。

　鷲羽岳が百名山に選ばれた理由は、標高が三俣蓮華岳より80mほど高く、南から眺めると均整が取れた火山らしい姿を見せるからであろう。だが、私の判官贔屓を封じても三俣蓮華岳は魅力的な山である。北アルプスの銀座四丁目交差点に建つ三俣小屋へは多くの登山者が訪れるから、その近くの三俣蓮華岳へはぜひ立ち寄ってほしいと思う。またもや脇役を贔屓にしてしまったようだ（登山3回）。

①1979年7月30日（月）〜8月3日（金）（「46　五竜岳」の①参照）上田博之、藤本信行の両氏と三人行（小屋泊）。

　百名山を念頭に置かずに後立山連峰を歩いていた頃があった。その記録から鷲羽岳と三俣蓮華岳の記録を拾ってみよう。

コースとタイム：七倉ダム船窪新道登山口7：30－船窪小屋13：20

7月30日（月）　快晴

　七倉ダムから船窪小屋まで船窪新道をただひたすらに登るだけであった。炎天下に水場がなくて日陰も少ない厳しい道である。小屋の主人は夕方に客の頭数を数えてから小屋を出て、薊(あざみ)の葉を採ってきて天ぷらに揚げていた。

7月31日（火）　快晴
コースとタイム：船窪小屋発 5:45－烏帽子小屋15:30

　この日のコース中には北アルプスの最低鞍部があり、そこは絶え間なく崩壊し続けている標高2200mの脆弱地帯であった。

　小屋から船窪岳（2459m）へ登って西へ下がると、急斜面の林の中を鎖伝いにトラバースする岩場があり神経を使う。そこを過ぎると北アルプス背稜中で標高が最も低い大崩壊地があり、左の不動沢へ落ちないように慎重に通過した。渡りおわった先にある這松の稜線を登って不動岳（2601m）に着く。難所を無事通過して安心したのか足も軽くなり、南沢乗越へ下って登りなおすと南沢岳（2625.3m）に着いた。あとは緩やかな尾根歩きとなり烏帽子岳に立ち寄ったあと烏帽子小屋の戸を叩いた。

8月1日（水）　快晴
コースとタイム：烏帽子小屋 5:50－鷲羽岳－双六小屋16:00

　この日の行程は長かったが、水晶小屋への登りと鷲羽岳

の下りのほかは厳しいところはなく、また水晶小屋から黒岳を往復する時間的ゆとりもなかった（前節「52　黒岳、赤牛岳」参照）。

　鷲羽岳の山頂に立った。岩屑が積み重なる足元には水を火口跡に溜めた鷲羽池があり雪も残っていた。この山が火山であったことはその景観から一目瞭然である。さて、山頂から三俣小屋までの下りは岩屑の詰まった急坂であり、重荷を背負った者には注意が必要である。事実、本節②の登山ではここで大けがを負った登山者に小屋で出会ったのである。

　北アルプス屈指の交差点に建つ三俣小屋は1961年には小さな小屋であった。食事時になると宿泊者全員が一旦外に出て順番を待つほど狭かったのだ。それから20年後に小屋は建て替えられて大きくなったが登山者もまた増えていた。しかたなく私たちは敬遠して双六小屋までの道を急いだ。二つの小屋を結ぶ山腹の道は黒部五郎岳カールと雲ノ平と三俣蓮華岳からなる中央桃源郷の道であり、高山植物の宝庫でもある。私がこの地を訪れたのは4度目であった。予想していたように双六小屋は空いており快適であった。

8月2日（木）　風強く曇
コースとタイム：双六小屋5:15－槍ヶ岳肩の小屋（穂先の往復8:45～10:30）－西岳ヒュッテ13:00～13:45－大天井ヒュッテ15:45

　霧の西鎌尾根を登って肩の小屋に着く。槍の穂先へ登る鎖場には悪天にもかかわらず順番待ちの列ができていた。ようやく登った槍の穂先では霧の切れ間に小槍が一瞬見えただけで長居も許されなかった。大槍小屋から東鎌尾根伝いに岩の屹立する尾根を水俣谷乗越まで慎重に下がる。そこは元気だった学生時代に湯俣温泉から登り詰めたことのあるコルであった。そこから再び急坂を登って西岳ヒュッテに着く。ここから眺める槍沢と槍ヶ岳、さらに東鎌尾根と北鎌尾根は豪華なアルペン屏風のように比類なく素晴らしい。三人の男は夢中になって写真を撮り続けた。
　長く休憩したので急に疲れが出た。皆の脚も燕山荘までは行きたくないと拒否している。無理をせずに今日は大天井ヒュッテ泊まりとしよう。

8月3日（金）　曇
コース：大天井ヒュッテー燕山荘（燕岳往復）－中房温泉

　昨夜の大天井岳ヒュッテは寒かった。小屋を出て蛙岩のキレットまで慎重に下り、そのあと歩きやすい尾根道をたどって燕山荘に着く。あとは燕岳を往復して戦国尾根を下るだけであった。

②1961年7月17日（月）〜19日（水）　山本経二、高尾宏実、伊藤嘉彦君、ほか1名。

　研究室の仲間と連れ立って雲の平を訪れた（「50　薬師岳」②参照）。三日目に三俣小屋を早朝に出て鷲羽岳を往復したあと、先を往く単独行の女性登山者に魅かれるように伊藤新道を下った。湯俣川を吊り橋で渡り湯俣温泉を経由して大町に出たが、伊藤新道はそのあと廃道になったと聞いた。それから62年後の2023年、TVは同新道が修復され開通したことを報じていた。

ひと休み（9）
有限である地球環境を塞翁の馬に任せてはならない

　いま、地球の自然環境は人間たちに向かって高く両手を掲げ、自分が有限であることを強く喚起しています。ところが人間といえば、いまだに"発展"という麻薬のような都合のよい言葉に惑わされて、地球を無限なものと錯覚しています。速やかに原点へ立ち戻って目を覚まさないと、このままでは未来を創る資格を失うでしょう。その目覚めへの取り組みは、はじめ遠くに見えていても汗を流して歩み続ければ山頂が近づく山登りと瓜二つです。とはいえ皆が"塞翁が馬"の態度でいるかぎり、地球環境問題は決して解決できません。他人任せ、なりゆき任せの態度がいまのような百害と千悪を生んでいることを知るべきです。

4章　長野・新潟県境と北アルプスの百名山

54　槍ヶ岳（3180m）

　槍ヶ岳は本邦で5番目、北アルプスでは2番目に高い峰であり、鋭く空を突き刺す山頂が槍の穂先に例えられる比類なき秀峰である。山に囲まれた盆地の多い信州では、郊外の高みを除けば町の中から槍ヶ岳の見えるところはほとんどない。人々が語るのを聞いて育った幼い頃の私は、槍ヶ岳が日本で富士山に次ぐ高山であるとばかり思っていたが、やがて北岳、奥穂高岳、間ノ岳という3190m級の山が存在することを知った。しかし記憶の中では当初に覚えた順位はしばらく消えることはなかった。

　書棚に父が所蔵していた昭和35年発行の朋文堂『日本山岳全集』［文献3］がある。その第6巻"槍ヶ岳"は他巻に先駆け発行されたらしく父は大切にしていた。世は移り

夜明け前の鏡池と槍ヶ岳（2010年8月）

人の好みも変わったが、そこに載る槍ヶ岳の単色写真は現在のカラー写真と比べてなんら遜色なく、むしろそれ以上である。私はむしろ単色の山岳写真に惹かれる自分を感じることがあるが、どうやら人の網膜には、単色写真であっても色彩を超えた感覚を引き出す力があるようだ。

　槍ヶ岳は三俣蓮華岳のように北アルプスの脊稜三本が合体する中心に位置する。いや、むしろ槍ヶ岳から三本の脊稜が紡ぎ出されているといえよう。東は常念岳と燕岳へ、西は立山と剱岳に白馬岳を引き寄せる三俣蓮華岳へ、南は穂高連峰を通り乗鞍岳へと、脚長蜘蛛のように山稜を長く伸ばしている（登山4回）。

①1958年10月10日（金）　雪の槍ヶ岳と穂高岳。WV活動。山口勝、有本和彦、奥村勝良、田中敏明、徳永正晴の5君と6人行。
コース：10月11日（土）上高地－横尾－槍ヶ岳肩の小屋／12日（日）降雪　槍ヶ岳山荘（頂上往復）－横尾－涸沢／13日（月）涸沢－穂高山荘－奥穂高岳－前穂高岳－岳沢－上高地

　WV秋季活動の一環として秋の槍ヶ岳と奥穂高岳へ登る予定で京都を出た。当初の予定は槍穂間の縦走であったが、肩の小屋へ着いた夜に雪が降った。翌朝、雪が凍てついた槍の穂先へ雪の中から鎖を掘り出して登ったが、縦走は断念せざるを得なかった。代わって横尾へ下ってから涸沢に入り、三日目に奥穂高岳を目指すことになる。

　翌朝13日、涸沢圏谷を取り囲む穂高の峰は、見事に雪化

粧した姿で私たちを迎えてくれた。ザイテングラート（岩壁側面の支尾根）の道は着雪していたがアイゼンを着用せずに登り、白出沢乗越（穂高岳山荘）の上部にある傾斜した岩場の鎖場は氷結していたのでアイゼンを着けて通過する。奥穂高岳の山頂は霧の中にあり、高く積まれたケルンには雪が凍てついていた。奥穂高岳から前穂高岳までの吊り尾根は注意して歩いたが、もし滑落したらと思う緊張の連続であった。前穂高岳手前の岳沢分岐点に荷を置き前穂高岳山頂を往復する。その時間になると岳沢南面の雪は溶けて消えはじめていたので、アイゼンの着用はかえって危ないと判断して取り外し、鎖と梯子の多い重太郎新道を岳沢ヒュッテ目指してゆっくりと下降した。

②1959年の夏　WV活動。ダイヤモンドコース縦走も後半に入った頃、笠ヶ岳へ向かう日の午前中に双六池のテント地から西鎌尾根を往復して槍ヶ岳に登る（「51　黒部五郎岳」後半と「57　笠ヶ岳」①を参照）。

③1969年9月3日（水）〜5日（金）　槍ヶ岳から西穂高岳までの縦走（単独行）。

9月3日（水）　晴れたり曇ったり
コースとタイム：新穂高温泉6:30－槍平－肩の小屋（槍ヶ岳山荘）14:00（山頂往復）

　前年までの2年間、私は米国で研究生活を過ごした。そ

の間の夏季休暇中にカナディアンロッキーの山中を地下足袋で歩いていた。帰国して初めての山行が槍穂連峰の全山縦走である。出発前夜に焼岳の火山活動と思われる地震があり、その荒々しい歓迎に身を引き締めた。

　新穂高温泉から左俣谷を登る。穂高側から押し出された岩石デブリの裾を、はじめは白出沢、つぎは滝谷と横切って歩いた。これらの谷は左俣谷から見上げるとそれほど急峻には見えないが、谷を越えた笠ヶ岳から見下ろすと威圧的である。やがて槍平小屋に着いた。そこから槍ヶ岳の肩にあたる飛騨乗越を目指して急坂を登り肩の小屋に着く。時間にゆとりがあったから槍の山頂を久しぶりに往復した。登山者の少ない昼下がりのひとときであった。

9月4日（木）　ガス、ときどき晴れ間
コースとタイム：肩の小屋5:50－南岳山荘－大キレット－北穂高小屋10:30〜12:00－穂高小屋14:10

　槍ヶ岳から西穂高岳までの全山縦走に再挑戦するのは11年ぶりであった。肩の小屋から大喰岳(おおばみ)を越えて南岳に至り、そこから長い鉄梯子をおずおずと伝って大キレットに下る。大キレットの狭い岩稜は躓かないように注意して通過し、北穂高岳の北壁に取り付いた。

　そこは小柄な私の脚幅に合わない足場もあるところで辛かったが、白ペンキの標識に従って登る。息を継ぎながら登る岩場は急傾斜だが、足元とホールドを信頼して登る。岩を抱いたらつぎは岩に挟まれるような登りを刻んで行く

と、はじめは頭上遠くに見えていた北穂高小屋のテラスへひょっこり登り着いた。周りを石積みで囲まれた小屋は低い天井の瀟洒な造りであり、ことにインテリアが魅力的であった。またの日に訪れてゆっくり逗留したいと思ったが、この日は縦走が目的であり先を急がねばならなかったので、飲料水（当時は50円/L）を手に入れて小屋を離れた。

さて、ここから涸沢岳までの区間が今日の主舞台であった。尾根の左右の東西岩壁はスパッと切れ落ちて、西面の滝谷側は熟達クライマーたちの道場であり、濤岩などの滝谷上部は目に眩しいほどである。その先にある涸沢のコルを通過するときは緊張を要したが、ようやく涸沢岳に達した。穂高小屋はその山頂を南へ下った白出沢乗越に鞍部を跨ぐように建っていた。

9月5日（金）　晴のち雨
コースとタイム：穂高小屋6:00－奥穂高岳山頂－ジャンダルム岩峰の巻き道－天狗のコル8:40－西穂高岳10:40－西穂小屋－（小鍋谷車道と鍋平を経由）－新穂高温泉16:30

　穂高小屋を出てすぐに鎖付きの岩場をトラバース気味に登る。左側は涸沢へ、右側は白出沢へと切れ落ちた崖になっていた。岩塊が積み重なる道を登ると日本で3番目の高山である奥穂高岳山頂に着く。"奥穂高岳"、なんと素敵で爽快な山岳名であろうか。ここから西へ続く岩尾根は、昨日に続いて槍穂縦走の本髄である。気を十分に引き締めて

尖った刃状の岩稜をおずおずと下りはじめた。ロバの耳の岩稜では、岩角を胸に抱き、また馬乗りになってこわごわ通過する。ジャンダルムの岩峰は頂上には登らず南側を巻いた。あとに続く天狗のコルまでの大下りは、一枚岩に近い岩尾根を鎖伝いに下降する。下り着くと、コルの小さな避難小屋の横になんと某大学WVの名がペンキ書きされた石片があるではないか。怒りを抑えて岩の狭間に深く埋めた。

さて、この日本番の難所は天狗のコルの先にあった。天狗の頭へ登るルートだけでなく、それに続く間山までのトラバース、さらに間山から西穂高岳までの飛騨側をからむ斜面は、崩壊が進んだ岩屑が積み上がって落石が起こりやすく、また落石に撃たれやすい危険個所である。足元の一歩ごとに注意を集中しなければならない息の抜けない緊張が連続した。幅の狭いザックとヘルメットの着用は必須である。この日は登山者が少なく順調に西穂高岳へ到着したが、普段なら落石を避けるためにガレ場の通過には時間をかけなければならない難場であろう。

西穂高岳からの下りは、独標(どっぴょう)を過ぎてから気が緩みそうなほど楽になった。西穂小屋に着くと時間に余裕があったので、下山先を上高地から新穂高温泉に変更して千石尾根を下がる。尾根道から右へ折れて小鍋谷林道から鍋平を経由して新穂高温泉まで歩いたが、長い道であった。なお、この槍穂縦走では、松山市の野本さんという爽やかで頼りがいのある青年と飛騨乗越で出会ってから、行動を共にした。

55　奥穂高岳（3190m）

　父に連れられて初めて上高地を訪れたのは中学生のときであった。大学勤めの多忙な父であったが時々私を山へ連れて行ってくれた。晩年に認知症を患った父と同居できたのもその記憶があったからであろう。上高地で父は、経営者の奥原姓にツテがあると言って西糸屋に泊まったが、私がそのとき二階北側のバルコニーから、あれが奥穂高岳か、と思って飽かず眺めていた山嶺は、いま思えばジャンダルムであった。

　奥穂高岳の高さについてひとこと。この山へ登った人なら憶えておられようが山頂には高さ3mほどの大きなケルンが積まれている。穂高岳山荘の前身である穂高小屋の創設者、今田重太郎氏が北岳（3193m）と競うために積ん

残照の奥穂高から西穂高まで。笠ヶ岳からの展望（2010年8月）

だとの噂を聞いていたが、よくできた話ではある。少しぐらい低くても奥穂高岳の山岳美は上高地や涸沢の景観と融け合いゆるぎなく日本一なのだから。

　穂高連峰の山名についてひとこと。この山系の山巓名は奥、前、西、北という冠字を頭につけている。ところが20世紀前半までは違っていたようなのだ。三田幸男、深田久弥監修『槍ヶ岳』（朋文堂、昭和35年刊）［文献3］には、奥穂高岳と西穂高岳はいまと同じだが、前穂高岳は南穂高岳、涸沢岳は北穂高岳、北穂高岳は東穂高岳と記されている。いつ、いかなる理由で現在の名称になったのか、この文献からはわからない。

　私の奥穂高岳登山記録は前節「54　槍ヶ岳」①1958年と③1969年に記してあり、ここでは省略したい。また、最新の書籍では『山と渓谷』特集号"穂高岳"［文献6］にこの山のことが詳しく書かれている（登山2回）。

56　常念岳（2857m）

　松本から北西の空を見遣ると端正なピラミッド型をした山が目に入る。それが常念岳であり、槍ヶ岳と穂高の峰々はその背後に隠れて見えない。山にあまり関心のない旅行客はこの山を見て槍か穂高かと見間違えるようだ。"♪……見えぬあたりが槍穂高……♪"と歌われた地はこの松本、安曇野あたりかもしれない。

　常念岳への登山道は戦後しばらくは常念乗越を中心に東

西南北から通じていたようだが、やがて上高地の横尾から一ノ股谷を登る西登山道が廃れて、東の安曇野から一ノ沢を登る道が一般的になった。とはいえ蝶ヶ岳から常念岳を通って大天井岳までを歩く縦走路は健在である。

2001年8月26日（日）　晴のち雷雨、単独行（「79　鳳凰三山」から続く）。
コースとタイム：一ノ沢駐車場 5:00－（一ノ沢休憩所経由）－常念小屋－常念岳10:20〜11:20－常念小屋－一ノ沢休憩所15:00－駐車場

　前日の25日に鳳凰三山から安曇野の穂高テント村へ移動した。休養したいという連れをテントに残して私は常念岳へ登るために一ノ沢登山口を出発する。
　流れを左に見て木が鬱蒼と茂る一の沢沿いの起伏が少ない登山道をひたすら登る。2時間ほど進むと右から大きな沢が合流した。その沢をわずかに登って、すぐに右岸の山腹に取り付き小尾根を越えると一ノ沢を左に見て登るようになり、そのまま常念乗越へと高度を上げた。
　乗越に到着すると尾根の西側に常念小屋が棟を並べていた。そこから南へ石を敷きつめた道をジグザグに登り山頂を目指す。角の多い岩礫を敷き詰めた道は歩きにくくうんざりするころに山頂へ着いた。山頂では槍穂連峰が展望できることを期待していたが、蝶ヶ岳と西の槍穂は夏雲の中にあり、梓川源流の横尾谷と槍沢から雲が次々と湧き上がっていた。天気は間違いなく崩れつつあった。

早々に退却を決めて往路と同じ道を下がる。一ノ沢の登山口へ戻り着くまえに空が暗くなって激しい雷雨に襲われた。テント村に戻ると休養していた連れが飯を炊いて待っていた。

57　笠ヶ岳（2897.5m）

　WV 仲間とのダイヤモンドコース踏破（「51　黒部五郎岳」および「54節　槍ヶ岳」②参照）も終盤に近づき、軽装備で双六池から槍ヶ岳まで西鎌尾根を往復した日の午後に、テントをたたんで笠ヶ岳へ向かう。ところが、大ノマ乗越から抜戸岳へ登る途中の秩父平で猛烈な雷雨に襲われた。ビンビンと大気を引き裂く落雷に怯えた一同は、クワバラ・クワバラと背中からキスリングを投げ出して窪地に身を潜め、無差別の雷撃から身を守った。あのときの恐ろしかったことといったら、その記憶はいまだに消え失せない。

　それとは対照的に、雷雲一過後の夕方に秩父平のテント場から見た残照の槍穂連峰の崇高な姿は、さながら曼荼羅絵図に描かれた極楽のようであった。短い時間だったが私たちは地獄と極楽の結界に身を置いていたのであり、居合わせた登山者とともに恍惚の極楽へといざなわれた（本節②参照）。

　翌日、笠ヶ岳を越えてクリヤ谷の長い急坂を槍見温泉まで歩いたが、足指のマメが破れて痛んだ。それから年月が

4章　長野・新潟県境と北アルプスの百名山

抜戸岳から笠ヶ岳へ続く稜線（2010年8月）

たち5本指ソックスが普及して足指のマメに苦しめられることは激減した。このソックスの出現は革命的であり、これがなければ百名山を含めた私の山歩きは大半が実現しなかったかもしれない。思えばむかし、人々が足袋と草鞋を履いて登山していた頃は、足指にマメ（肉刺）をつくることは少なかったであろう（登山2回）。

①1959年夏　本節の上欄および「51　黒部五郎岳」と「54　槍ヶ岳」②を参照）

②2010年8月25日（水）〜27日（金）　柴田勝司さんと二人行。
　新穂高温泉から鏡平まで登ったあと抜戸岳を経て笠ヶ岳へ登る。下山ルートには笠新道を選んだが、その長くて急な下り坂には閉口した。その記録を記す。

8月25日（水）　晴のち曇、雷雨。
コースとタイム：新穂高温泉駐車場6:30－秩父沢登山口－ししうど原－鏡平小屋13:20

　焼けつくように暑い晴れた日であった。秩父沢の登山口から鏡平へ続く小池新道は、よく整備された道で水場もあった。しかし、鏡平小屋にはテント場がなく当てが外れる。黄昏時になって、小屋近くの鏡池に槍ヶ岳の鏡像が映る時間を待ったがあいにく雷雨になってしまった。夕食のあと雨が上がったので、薄暮時の槍と穂高を眺めようと出かけたが晴れなかった。

8月26日（木）　快晴
　暁の槍ヶ岳を見るために朝早く鏡池へ出かけて、池に映る槍、穂高の姿を思う存分撮影する。
コースとタイム：鏡平6:10－弓折岳稜線－大ノマ乗越－秩父平（9:30～10:30）－笠新道分岐－笠ヶ岳山荘13:30（笠ヶ岳往復）

　小屋の食堂から弓折岳の稜線を歩く登山者が見えていた。私たちもそれに続いて弓折岳から大ノマ乗越へと下がる。これまでに2回、この乗越から秩父沢出合へ下ったことがあるが、なぜかいまはこの道が地図から消えてしまった。積雪期の雪崩を避けるためか、それとも鏡平小屋へ登山者を誘導するためか、危険な道ではなかったから消えた

4章　長野・新潟県境と北アルプスの百名山

暮れなずむ槍ヶ岳、笠ヶ岳から（2010年8月）

理由は不明だ。せめて夏季だけでも大ノマ道を使えるようにしたらどうだろうと残念に思う。

　乗越から大ノマ岳への登りは短いが細くて急な道である。やっと抜戸岳の北懐にある秩父平に着いた。そこは1959年に悪夢の雷雨（本節序欄を参照）に遭遇したところである。今年はそこを通り抜けて稜線まで登り抜戸岳の北肩に出た。さらに山頂を通らずに西斜面を登って笠新道との分岐点に着くと、笠ヶ岳山荘が近くになった。抜戸岩を抜けて山荘に着く。

　山荘から笠ヶ岳山頂を往復する。山頂からの展望は比肩するものがないほど素晴らしく、あたかも夏の甲子園の開幕式のようである。槍穂連峰を屏風に見立てて仕舞（能）の一つもしたくなるほどであった。山頂で広島から来た登山者の夫妻としばし歓談する。お二人の姓が真田であったから司馬遼太郎の"坂の上の雲"の真田兄弟をもじって

「カサの上の真田夫妻」として記憶に綴じた。

　夕食後しばらくすると恍惚の時間が訪れた。それは上記①のときにみた曼荼羅絵図の上を行く見事なショーである。残照の中、槍ヶ岳と穂高連峰がワイドスクリーン上に投影されて左右全面に広がり、時間の経過とともに山肌が赤から茜、紫へと変化して、同時に陰影の濃淡が織り込まれてゆく。たとえようもない岩と夕映えの演出に居合わせた人々は言葉を失いただ見とれていた。ルーブル美術館にもこれに優る展示はなかろうと、えも言われぬ感動が身を突き抜けてゆく。

8月27日（金）　晴
コースとタイム：笠ヶ岳山荘6:10－笠新道分岐－杓子平－大降下点8:30－登山口12:30

　抜戸岳南肩の笠新道分岐点まで戻り、稜線を東へ越えて抜戸平に下る。この台地には昨日通ってきた秩父平とは対照的に明るさがあったが花の季節はとうに過ぎていた。草原を横切って下端に達すると、いきなり険しい降下がはじまる。70代後半とはいえまだ元気なつもりでいたが、短足の私はこの坂道を下るのに4時間もかかった。もし登路に選んでいたらと思うと噴き出した汗も引いてしまいそうである。

　無事に左俣谷林道へ下り着いたとき、アキレス腱断裂の後遺症とは違う年齢の重さを感じていた。

58　焼岳（2393m）

　"199661"、この数字列は、中央の9と6の間に回転軸を差し込んで180度回転させるか、あるいは上下を逆さにして左右いずれから読んでも同じ数字になる。捻転対称形の回文ともいえるこの数字に私は以前から注目して、該当する1996年6月1日を特別の日にしようと企んでいた。

　当時の私は本州中央部の山岳地帯を日本海から太平洋まで徒歩で縦断する旅に挑戦していた。はじめは継ぎはぎだらけの旅としてスタートしたが、やがてその動線は、北は富山県の泊海岸を出発して北アルプスに登り南下するものと、南は駿河湾の田子の浦を出発して富士山を越えて北岳へ、あるいは御前崎を出発して大井川を遡り北岳で田子の浦ルートに合流するものとなり、この2本の線が本州中央部でまさに一本に結ばれようとしていた。すなわち、満願成就の舞台が偶然にも1996年6月1日に焼岳と白骨温泉の間に準備されたのである。

1996年5月31日（金）、6月1日（土）　晴ときどき曇、内田雅勝氏と二人行。

5月31日（金）　高曇
　上高地大正池の西に噴気を上げる焼岳は、大正池を生んだ大噴火のあと昭和に入ってもしばしば噴火を繰り返し、そのたびに入山禁止令が出されていた。しかし幸運なこと

に1996年は登ることができた。梅雨入りまえの天候が気がかりであったが、義弟の内田雅勝氏が同行してくれることになる。
コースとタイム：河童橋9:20－新中尾峠－焼岳9合目－焼岳北峰－（大雪田下降）－蓮華平15:00－中ノ湯跡

　大正池の北にある西穂高岳登山口から分かれて中尾峠への道に入った。残雪が厚く残る峠道を登って新中尾峠に着いたが、新峠の小屋は窪みのなかで残雪に埋もれていた。40年前に通ったときの峠はすこし南にあったが、そこは火山活動の地熱が高いためいまは植生も見られない。

　焼岳山頂へ登る踏み跡は、旧峠から山腹を少し上って左に折れ、斜め左上方へと続いていた。ガレと岩棚を越えて進むと大正池に向かって崩れ落ちた小谷があった。そこからペンキ標識に従い右折して登ると噴気音が一段と高くなる。山頂が近くなったのだ。この小谷の上部で左へ乗越すと噴気音は轟音に変わり山頂の東肩に出た。頂上はその先だが私たちはここを登頂点とする。

　山稜の南側には大雪田が広がっている。曇天の下、踏み跡のない雪田上に下山ルートを読み取ってグリセードで滑り下りた。傾斜が緩むとスケーティングに切り替えて、雪田の南東縁に顔を出した登山道に合流する。そこから中ノ湯の登山口までは近かった。夜は坂巻温泉に泊まる。

６月１日（土）　晴（コースタイムの記録なし）
　中ノ湯跡から旧国道を安房峠に向かって登るとスーパー

林道との分岐点があった。今日はここから白骨温泉まで歩く予定である。梓川の幽谷を挟んで北側には霞沢岳がそびえているが穂高の峰は隠れて見えない。林道は湾曲しながら小谷を渡って続き、U字型に削られた側谷は雪崩に押し出された土砂で埋まっていた。険しい山の斜面を崩して建設したスーパー林道は完工後の維持管理にも巨費を必要とするのは明白である。だが、自然界をこれほどまで破壊して建設しておきながら、それに見合うだけの次世代財産を未来へ残せるのだろうか、到底無理であろう。

　白骨温泉に近づいた。右側の山腹に温泉への近道を見つけて林中に入ると、見覚えのある十石山登山口の標柱が立っていた（次節参照）。標柱の先に続くのは太平洋まで徒歩でつながれた本州縦断（南北に歩き抜けるの意）の道であった。

　百名山とは関係なく山を歩きはじめてから40年近くが経っていた。そこへいつのまにか本州縦断という目標が加わり今日がその完結日である。はじめは日本海の海岸から朝日岳に向かって歩きはじめた山旅であったが、それが田子の浦から富士山に向かって歩きはじめた山旅と繋がったのである。この"199661"の数字列を持った今日の日付は、日本列島中央部を北と南から徒歩で結んだ縦断の山旅を記念する貴重な数字となった。

59　乗鞍岳 （剣が峰3026m）

　夏休みに入り家族で北アルプスへ登る計画を立てるときに乗鞍岳は格好の山である。なにしろ海抜2700mの畳平まで乗鞍スカイラインのバスで行けるからだ。さらに、バスの終点から整備された山道を１時間半ほど登れば主峰の剣ヶ峰に立つことができる。私は中学生のときに父に連れられて初めて登った。家庭を持ってからも家族で登り、下山後は牧場でのスケッチを楽しんだ。＊下を見よ。だが、実際に歩いたのはキセルの雁首に相当する山頂近くだけであり、山麓から歩いて登ったことはなかった。

　学生時代に春山スキーで位ヶ原から肩の小屋まで登ったが登りの半分はリフトを利用していた。この釈然としない登頂の記憶が残る乗鞍岳へ、十石山を経由するルートで登らないかとの誘いが三谷道治さんからあった。"待ってました"とばかり一も二もなく承諾する。

　本節は、白骨温泉から十石山を経由して剣ヶ峰へ登り、そのあと南西へ下がって中洞権現尾根から野麦村を経由して野麦峠まで歩いた記録である（登山４回）。

＊ところで、近頃、乗鞍高原の風景が変わったと聞く。それは牧場を閉鎖して牛の放牧をやめたことにあるらしい。子供の姿が減った乗鞍高原は寂しくなった。

1990年８月16日（木）　晴、三谷道治さんと二人行。
　前夜は番所の民宿に泊まり、翌朝、トンネルを抜けて白

骨温泉に車を止めた。登山標識に従って北側の小尾根に上ると十石山登山口の標識があった。ここから背高の熊笹が茂って展望が全く利かない十石山の尾根を笹を漕いで登る。笹の下に隠れた踏跡を見失わないように登ってゆくと測候施設のある十石山（2525m）に着いた。展望はよくないが、桔梗ヶ原まで続く尾根は読み取れる。

　足を踏み入れたその尾根は藪に覆われ、汗拭用のタオルを身体のどこに巻きつけていようと藪でボロボロになる。尾根をたどり、硫黄岳（2554m）の隆起を越え、水の流れた痕跡が残る枯れ谷をたどり進んでゆくと桔梗ヶ原が近づき、やっと高原らしい空気が漂い始めた。それと同時に草花を観る余裕も出てきた。

　当時の乗鞍スカイラインはまだマイカーが走行できたから車両も多く、車に注意しながら舗装道路を歩いて1時間、畳平に着いた。そこから肩の小屋まで非舗装の車道を歩いてようやく荷を下ろす。

8月17日（金）　晴、単独行。

　予定が変わり下山しなければならなくなった同行者と別れて私は単独で剣ヶ峰に登る。この日の目的地は野麦峠であった。剣ヶ峰のとなり大日岳との鞍部から飛騨側の斜面を下がる。できれば剣ヶ峰から南の野麦峠へ続く県境尾根を下りたかったが、地図と現地情報からその可能性が低かったので諦めて、地図に書かれた阿多野郷への飛騨道を下った。中洞権現尾根の分岐点を左折して広い尾根を下がると、2時間ほどで道は左折して狭い坂道となり、その坂を

標高差で300mほど下がると阿多野郷川の渓流に出た。

　酷暑の日であった。熱さにほてった身体を渓の水で冷やし林道を下がって県道に出た。左折して照り返しのきつい舗装道を野麦村まで上る。そこは明治維新の急激な文明開化の荒波によって生活が大きく洗われた山奥の里であった。女工哀史を綴った日本近代史からの学びを思い出しながら通り過ぎる。まもなく右の沢に架かる木橋があり、そこを渡って旧野麦街道に入り野麦峠に着く。

　"あゝ野麦峠"の石像が峠に立っていた。江戸時代の末まで極貧ではあっても村人は家族との温かい生活を紡いでいたであろう飛騨の寒村を、文明開化の波が襲った。何がそこで起こったのか、野麦峠から東へ旧街道を下りながら当時の村人たちに私は問いかけていた。

60　御嶽山（3063.4m）

　御嶽山を想うとき、私の心は二つの記憶の間を揺れ動く。その一は、上田第二中学生のときに生物担当の広瀬教諭に引率されて登った初めての日本アルプスが御嶽山であったこと。この登山で私の高い山への関心は膨らんだのである。その二は、三十代はじめに御嶽山へ登山中、兄が勤め帰りに乗ったタクシーで事故に遭い亡くなったことである。敬愛する兄もまた山好きであったから私の受けた衝撃は大きかった。ほかにも御嶽山が戦後2回も大規模な水蒸気爆裂を起こして多くの人命を奪った天災事故の記憶は

生々しい。いまでも白装束の行者たちが六根清浄を唱えながら登山する姿を見ると、私の記憶はゆれながら去来する。

　ちなみに、北アルプスの百名山の中で"山"の語尾を持つのは御嶽山と立山の二つだけ、いずれも山岳信仰の名山である。御嶽山の山頂付近には岳、嶽、峰、岩の語尾を持ったピークがあるが、山全体を指すときは"さん"と呼び、このおだやかな語尾はとても素敵だ（登山3回）。

1952年夏

　中学生のとき引率されて初めて登った北アルプスの山はすべてが驚きに満ちていた。1日目は黒沢口から7合目小屋まで登り夕食にクマ汁というものが出た。2日目は三の池から二の池、一の池と巡り、初めて3000mを超えて剣ヶ峰へ登ったあと、王滝頂上から田ノ原高原を経て王滝まで下がった。当時は林道もリフトもなかったが、山道にはサルオガセが緑白色の裾を長くなびかせていた姿がいつまでも忘れられない。また、三の池の畔で初めて見たクロユリの花の色に中学生は素直な疑問を持ったのである。それは当時聞き覚えで歌っていた、

"♪……黒百合の花を口にくわえて（胸に抱いて……だったかもしれない）……♪"

の歌詞から想像していた花の色が、実際に見た紫褐色の花とは随分違っていたことに夢を破られたからであろう。

1971年11月3日（水）

　研究室の仲間と田ノ原高原から剣が峰を往復登山して下

山し、下山報告のために掛けた公衆電話から兄が交通事故に遭遇したとの知らせを受けた。急遽帰宅して重篤の兄が搬ばれた救急病院へ駆けつけたのである。

1996年7月26日（金）
　学生たちと濁河(にごりご)温泉から飛騨頂上を経由して剣が峰へ登る。下山には飛騨頂上の北に位置する継母岳から北へ藪道を下がり、踏み跡を辿ってパノラマ林道に出た。

ひと休み（10）
薄い大気層と地球の表裏で起こっている環境変化

　コロナ禍の期間中は旅行客と航空便が激減し、成層圏の透明度が回復したと報じられていました。皮肉なことです。減衰と回復が早いということは、航空機が消費する液体燃料の量に比べたら消費される大気の許容量が少ないことを意味します。また、有史以前からほぼ定常状態を保ってきた熱帯雨林、海洋水と大陸棚の生態系、氷河原は固体と液体であり、気体の大気圏に比べて許容量は大きいように見えても一旦破壊されると修復は困難です。このような不可逆的環境変化は近年になって多々起こりはじめ、ほとんどが経済的開発行為と生活スタイルの拡大によるものと指摘されています。

　もう手遅れかもしれません。しかし、行政府と学者団体に是非とも求めたいのは、予測できる地球の物理的限界値を直ちにすべての視点から解析明示して、人類の物理量的な活動の許容限界を全世界に提示することです。いかなる科学技術、産業活動、SDGs活動であろうと、有限な地球の物理量の枠内でしか実施できないという真実は揺るがせないのですから。

5章　本州中央山地と関東西部の百名山
山番号　61〜73

　百名山に登録された美ヶ原、霧ヶ峰、蓼科山、八ヶ岳（赤岳）の山々は、ふるさとの裏山の太郎山から千曲川を越えた南の方角に望むことができたが、その豊かな自然の有難さを理解しないまま私は上田市の郊外を遊び場にしていたらしい。

　定年を迎えて自由な日々を持てるようになった2004年春の大型連休に、これらの山を歩いてみようと思い立ち京都を発った。登り順は南から八ヶ岳（赤岳）（山番号64）、蓼科山（63）、霧ヶ峰（62）、美ヶ原（61）であったが、あとの二つは登山というより高原歩きであった。

　また別の日に、私は赤岳から蓼科山まで八ヶ岳連峰の縦走に挑戦した。終盤になり北横岳から双子池へ下りる途中で左アキレス腱を全断裂する大怪我を負ったが、11月の単独行であったから他に登山者もおらず、携帯電話が通じない山中だったから救助も呼べず危機に陥った。力なくだらりと垂れた足首に及ぶ限りの緊急固定術を施して、ストック二本と右足だけを頼りに下山した。再び山を歩けるようになったのは2年後のことである。

（以下は山番号順に61〜64と並べてあるが、登った順はその逆である）

61　美ヶ原（王ヶ頭2034m）

　松本市の東に標高2000mの美ヶ原高原が拡がっている。その姿は松本・安曇野の平野を挟んで西に対峙する北アルプスのように猛々しくなく、昼寝する牛のように穏やかである。高原の東と西に住む人たちはこの山地からの恵みを共有してきたが、その一つは無雪期の放牧利用であった。美ヶ原は長いあいだ菅平や乗鞍と同様に日本有数の山岳牧場であったが今は変わってしまった。

　かつてそこでは酪農業が営まれていたが、いまは山上に通信塔が林立して畜糞の堆積した光景が広がっている。おそらく、昔は自然循環型だった酪農業がビジネス規模の拡大と近代化によって非循環型に変わってしまったのであろう。生産性向上を偏重する現代のビジネス化に巻き込まれた高原を百名山と呼んでよいものか、苦しいところである。とはいえホテルが建つ山頂部より周辺の湿原や小さな森のほうが訪れる者の心を満たしてくれる。現在の建造物が姿を消してまことの美しい高原環境が取り戻せるときを待ちたい。

2004年5月3日（月）　曇のち雨、単独行（「62　霧ヶ峰」から続く）。
コースとタイム：すずらん峠6:50－（ビーナスライン経由）－美ヶ原山本小屋－徒歩で王ヶ頭ホテルと山頂三角点を往復（8:00〜11:00）

すずらん峠から美ヶ原まで車で移動した。徒歩なら半日の距離だが歩く道は車道と交差したり並行したりする。私が訪れたのは5月の初めで草原と湿原は冬から目覚めたばかりであった。

　山本小屋の駐車場に車を止めて三等三角点のある王ヶ頭(おうがとう)まで牧場柵に沿って地道を歩く。標高2000mの牧場散策と聞けば誰しも欧州アルプスの牧歌的風景を思い浮かべるであろう。美ヶ原は周りを取り囲む高い山のない溶岩台地の草原だからその期待は高かったが、現実はそう甘くはなかった。あたり一面自然消化されない牧畜排泄物が堆積し、それが靴に付着してハイカーには迷惑千万である。ヒマラヤの高地なら燃料にもなろうがこの国の美学ではそうもゆかない。もし現実的な解決策を提案できるとしたら、家畜の通る道を主道としてその脇に歩行者用の側道を設けるのがよかろう。

　王ヶ頭には全国版旅行雑誌に載るほどの高級ホテルが建っていた。このギャップに驚いたあと、私は降り始めた雨の中を美ヶ原に別れを告げて松本市街へと下った。故郷の記憶を傷つけたくないので、ふたたびこの地を訪れることはないであろう。

62　霧ヶ峰（車山1925m）

　赤岳から蓼科山を通って霧ヶ峰、美ヶ原までつながる中央高地は、本州の中央部を仕切る大分水嶺である。北へ向

かう水の流れは千曲川と犀川になって日本海へ、南と西は富士川、天竜川となって太平洋へ流れる。その地形は領地争いに明け暮れた武家社会時代のままであった。

　しかし、その時代は過ぎた。文明開化後ことに大戦後は、観光産業を振興する政策と資本投入によって自然環境に著しく開発の手が加えられてきた。都市化の波は山地にも及び、大地に唾するように巨大トンネルが掘られ、掘削と変形の手が加えられてきた。登山者もまた自然環境保護者を装って歩き回る。深田久弥が皮肉にも霧ヶ峰と美ヶ原を百名山に選んだのは、たぶんこのような矛盾を苦々しく思い、登山者自身が大切なことに気づいてほしいと願ったからではなかったか。それほど霧ヶ峰と美ヶ原では開発が進み自然山岳の姿が消えかけている。そもそも百名山の望ましい姿と観光開発とは交わらないものなのだ。

2004年5月2日（日）　晴、単独行（「63　蓼科山」から続く）。

　霧ヶ峰最高地点の車山三角点はスキー場の最上部にあり、山頂直下まで延びたスキーリフトはオフシーズンとあって動いていなかった。私は人の姿が消えた夕方に駐車場を出発してゲレンデの基部からリフト塔沿いに歩き始めた。スキー用に人工的に作られたこぶの多い斜面を黙々と登って上部リフト駅に着く。そこには鬼灯頭の屋根を持ったレーダー施設があり、傍には車山三角点の標柱が夕日の中にさびしく立っていた。

　別の夏の日に賑やかな仲間と連れ立って車山の西からコ

ここが霧ヶ峰か、八島ヶ原湿原と車山（2010年8月）

ロボックル小屋を経て八島ヶ原の高層湿原を訪れた。そこは山野草が咲き乱れて鳥が群れ飛ぶ別天地であり、湿原を周遊する路で出会う人々の顔は穏やかで晴れやかであった。そのとき私は、霧ヶ峰と美ヶ原の真の魅力は湿原と花の高原散策にあると理解したのである。

（「61　美ヶ原」へ続く）

63　蓼科山（2531m）

"蓼"の字は"タデ"と読むのが普通だが、地名や山名では"タテ"と読ませるところが多い。濁点を削ればニガくないのだろうか、山からその答えは聞こえてこない。

　中学生のとき学んだのは、千曲川を挟んで北の浅間山は那須火山帯、南の蓼科山と八ヶ岳は富士火山帯に分類され

るということであった。たしかに、登ってみると蓼科山は北八ヶ岳の一部であることが一見してわかる。この山域は中学生にとって理科学習の宝庫であり博物館でもあった。

2004年5月2日（日）　晴、単独行（「64　八ヶ岳」から続く）。
コースとタイム：すずらん峠5:45－蓼科山8:30－（蓼科山荘）－大河原峠－双子池12:30－亀甲池－すずらん峠15:30－車山駐車場－（車山往復16:05～18:00）－すずらん峠

　前日の夕方に美濃戸から蓼科山の西登山口であるすずらん峠へ移動した。翌朝は急登から始まる。待ち構えていたように巨大な溶岩塊が次々と現れて試練の登りとなったが、その疲れを癒してくれたのは南方に広がる八ヶ岳連峰の展望であった。

　蓼科山の山頂部に着くと、その平坦な溶岩原のどこに三角点があるのかはじめはわからなかった。大小の岩石が一面を埋め尽くして樹木の育つ隙間もないほど壮観である。山頂を過ぎて東へ下がると、冬期も営業する頑健な作りの蓼科山頂ヒュッテがあった。さらに東へ下がって大河原峠に着く。林道がここまで上がってきていた。

　峠から南へ双子山を越えると澄み切った水を湛えた双子池があった。北八ヶ岳の象徴である静寂さを漂わせた雄池と雌池が松の深い色を水に映し込み、その黒ずんだ松の色が人の心を引き込むようである。双子池から鬱蒼と松の茂る小峠を越えて亀甲池に出た。ここにも北八ヶ岳を代表す

る別の自然環境があった。

　亀甲池で北横岳から下りてくる登山道が合流する。次の天祥寺平では大河原峠からの道が加わった。そのあと北八ヶ岳の余韻を楽しみながら西へ下ってすずらん峠に戻る。時間が残っていたので霧ヶ峰の車山へと向かった。
（「62　霧ヶ峰」へ続く）

64　八ヶ岳（赤岳2899m）

『日本昔ばなし』に書かれていたことだが、八ヶ岳はむかし富士山より高い山だった。それに嫉妬した富士山が八ヶ岳を殴打したため八つの峰に砕けてしまい、その結果、富士山のほうが高くなったのだとサ。その大噴火が起こる前の八ヶ岳の大きさは、地図を見れば想像できるであろう。

　八ヶ岳連峰には、南から北へ順番に、編笠、権現、阿弥陀、赤、横、硫黄、天狗、縞枯、北横、蓼科と10座を超える山巓が並んでいる。八ヶ岳の「八」は沢山という意味であり、その最高峰が赤岳である。むかし、東麓の松原湖へ父母に連れられて行ったとき見上げた赤岳は雲の中だった。還暦を過ぎてようやく登ったときに、私の胸は少年のように脈打っていた（登山2回）。

①2004年5月1日（土）　快晴、単独行。
コースとタイム：美濃戸6:30－（南沢道）－行者小屋9:15（アイゼン装着）－（文三郎道）－中岳東コル－赤岳山頂11:40

5章　本州中央山地と関東西部の百名山

－地蔵の頭－行者小屋－美濃戸16：30

　5月の連休、八ヶ岳の残雪はまだ深かった。天候に恵まれたこの日、東京に近いこともあり登山者の姿は多かったが夏に比べたら静かなものである。

　美濃戸の駐車場から歩き始める。緩やかに登ってゆくと残雪が現れ、行者小屋はまだ雪の中にあった。周りを囲む阿弥陀岳、中岳、赤岳、横岳の岩壁は雪を纏ったままである。私はアイゼンを装着して南の文三郎尾根から中岳のコルを目指して直登した。危険個所には鉄板と手摺が設置されていた。コルでアイゼンを脱ぎ、阿弥陀岳を背にして赤岳への稜線を登って山頂に立つ。それほど広くはない山頂から見下ろす脚下には行者小屋が見える。さすがに日本のへそといわれるだけあって展望のすばらしさは言葉に言い尽くせない。

5月の赤岳と望岳荘（2004年5月）

しばらく山頂にとどまり感激を味わったあと、腰を上げて岩尾根を北へ下がる。山頂小屋を過ぎて小ぎれいな望岳荘まで下がり、振りかえると背後には三角錐型の赤岳が聳え、前方の北側には横岳三鈷峰の鋭い岩稜が私を招いていた。だが今日は登る予定がなかった。地蔵の頭でふたたびアイゼンを着けて行者小屋めざし残雪の斜面を下がった。小屋からは朝と同じ道をとって美濃戸へ戻る。
（「63　蓼科山」へ続く）

②2007年10月6日（土）、7日（日）　快晴、単独行。
　行者小屋から地蔵の頭へ登って赤岳を往復し、続けて横岳、硫黄岳、夏沢峠、白駒の池を経て秋色を愛でる訪問者の多い麦草峠まで歩く。八ヶ岳の紅葉は見ごろであった。

③2007年11月3日（土）　快晴、単独行。
　3日前に降った雪の残る北八ヶ岳を霜柱を踏みしめながら歩いていた。昨夜の縞枯山荘は寒くて眠れなかったが、その頃に水蒸気爆発を起こしたホームズ彗星が東の空にあり、小屋を定宿とする天体観望者のすすめで小型反射望遠鏡を覗いていたからでもあった。
　山荘を出て2時間後に私は大岳の山頂に立っていた。荒涼とした景色が360度に広がり、薄く雪化粧した峰々の山裾には谷と畑と森が描き出す人工的な長方形のパッチワークが張り付いている。人の住むところはあたかも岩肌に張り付いた地衣類のように薄い。冷気に満ちた空には夏には見られない大気の潮目が、真綿の薄いマットレスのように

広がっていた。

　そのあと私は大岳から双子池へ続く尾根の坂道を下っていた。思いにふけっていたのであろうか、それとも巨石が積み重なる天狗の露地を過ぎて気が緩んだのであろうか、不覚にも木の根に足を挟まれて左アキレス腱を全断裂してしまった（本章のはじまりとひと休み（4）を参照）。

65　両神山（1723m）

　百名山の冊子を開くまで私は両神山（りょうかみさん）を知らなかった。だからこの山を知ったとき新たな発見があったような感動を覚えた、あたかも石鎚山（いしづちさん）を初めて知った東人のように。

　山への畏敬が岩や氷雪と対峙したときに高まるものなら、両神山はさしずめその岩の山であろう。この山の近くには水墨画の似合う妙義山があり、その山は以前から知っていたので、それと似た両神山とはどのような山だろうかと好奇心を持って訪れた。

2003年4月29日（火）　快晴、単独行（「67　甲武信岳（こぶし）」から続く）。
コースとタイム：日向大谷口駐車場 6:20－清滝小屋－両神山頂 10:20〜10:50－産泰尾根の七滝沢分岐点 11:30－（七滝沢）－登山道との合流点、会所 13:30－日向大谷口

　両神山は信仰の山である。登山者の中には数珠を手にし

た人も見られる祝日の駐車場は混み合っていた。車を預けて登山口までしばらく車道を歩く。登りはじめてすぐに日向大谷の集落に入り、登山道は緩やかに高さを上げてゆく。会所の橋で七滝沢を渡り、山頂から東へ伸びた産泰尾根に取り付いた。古い歴史を感じる尾根道を登ってゆくと瀟洒な清滝小屋が建っていた。その脇を登山者グループに挟まれながら通り過ぎると、七滝沢から直接登ってくる沢道が合流した。この合流点から上は古色溢れる参道を登って両神神社本殿に着く。

　山頂はまだ先にあった。本殿から少し下って登り返し、鎖場を過ぎて両神山頂に到着する。石を堅固に積んだ台座の上に小ぶりで堅牢な造りの奥ノ院が鎮座していた。山頂から北西の方角を見ると両神山の本髄である八丁尾根の岩稜が連なって見える。なるほど、そこは歩いてみたいと思わせる魅力のある岩場であった。

　下山にかかる。途中で清滝小屋の上部から左へ分かれて七滝沢ルートに入った。このルートは地図上に破線で記されていたが、踏み跡もあり迷うことはなかった。小さな滝と岩場が続く沢筋を慎重に下る。私は還暦を過ぎた単独行だから怪我でもしたら迷惑をかけるので用心しなければならなかった。分岐点から会所の橋まで約2時間、無事に日向大谷口へ戻る。

5章　本州中央山地と関東西部の百名山

66　雲取山（2017.13m）

　人口1400万人の東京都または3500万人の首都圏を背後に持つ雲取山は、都心から登山口まで鉄道を使えば2時間でゆける山である。たとえ車の運転が趣味であっても、"都民の山"へ登るときぐらいは車を使わずに行くことをすすめたい。

　あたかも関西在住の私が雲取山を訪れるように、人には住む所を離れて遠くへ旅したい欲求がある。それは人を集約的に集めて効率よく働かそうとする都市型社会の反動とも言えるだろう。その欲求が膨らみすぎると、旅そのものが地球規模の環境問題や社会問題の原因になってしまうから、旅に出て自然に溶け込みたい利己的欲求を適切に抑えながら、私たちは自然環境に配慮した利他的活動や生活ス

雲取山の三条湯（2003年4月）

タイルを謙虚にとり入れたらどうだろう。

　雲取山は巨大都市東京を抱えた山である。その大都市で人々が人間らしく生活できるのはどの程度の大きさなのか、あるいは、都市の巨大化と自然環境の破壊は大都会にとって避けられない劣性遺伝子なのか、など考えながら私は雲取山を歩いていた。

2003年4月27日（日）　小雨のち晴れたり曇ったり、単独行。
　奥多摩湖周辺の村々は幟(のぼり)を立てて春祭りの最中であった。前の日、雲取山の南西にある三条湯登山口に下山用の自転車をデポしたあと多摩川沿いに鴨沢まで戻る。
コースとタイム：鴨沢5:25－（堂所経由）－雲取山10:20～11:00－三条湯（入湯）－登山口14:10－（自転車）－鴨沢

　早立ちの朝は霧雨であった。鴨沢から尾根道を1時間ほど登る間に雨は上がり、奥多摩の谷間は雲海で埋めつくされてゆく。手入れの行き届いた登山道を登る私の肩には満開の山桜から花弁が舞い落ちた。このすばらしい自然の奥座敷が近郊にある東京都民が羨ましい。春爛漫の日曜日であり、昨夜は山の上で過ごしたのであろう二、三の登山者グループと行き交った。やがて林がひらけて山頂近くに建てられたログハウス風の雲取山避難小屋（通常の宿泊が可能な雲取山荘は山頂の北にある）に到着した。
　山頂からの眺めは広大であった。敷き詰めたように広がる山波のなかに名を知る山の峰を探してみたが、ご当地初

見参の私には難しかった。短い昼食を済ませたあと西に向かって下山する。はじめは急坂、そのあと緩やかになった山道を下がり三条湯に到着した。湯銭500円を払って入湯し、残り香を楽しみながら山のいで湯を後にする。

カモシカの仕業であろう、ひと気のない斜面から突然落石が起きた。ヒヤリとして石を避け、ハットの緒を締め直して無事に登山口へ下山する。そこには昨日デポしておいた自転車が主人の帰りを待っていた。

(「67　甲武信岳」へ続く)

67　甲武信岳（2475m）

　甲武信岳は千曲川、荒川、富士川の三大河川の源頭に鎮座し、そこは戦国時代に覇権を争った武田、北条、上杉の領国が交わるところでもある。これら三国の頭文字をとって甲武信と名付けられた山になぜか私は関心があった。この三文字が世の争いごとを和睦へ導く手だてになるのではないかと思われたからだ。だがその道は容易ではない。互いに汗水流して心を開き、持てるものを譲り合い助けあってこそ初めて手にできるものが"平和"であるからだ。

　21世紀に入ってもなお多くの無辜(むこ)の命を殺めて争うことを止めない世界、本末転倒したその姿を見るにつけ私の平和への願いはいっそう強まる。交わるところを見出そうとしない世界の為政者たちも、甲武信岳の山頂に立てばきっと和睦の道を見出そうとするに違いない、と願う荒唐無稽

大型連休前の甲武信小屋と甲武信岳（2003年4月）

な思いにすがるほど世界は乱れて治まらない。いまは"国破れたら山河もなし"の時代になってしまった。

2003年4月28日（月）　高曇、単独行（「66　雲取山」から続く）。
コースとタイム：東沢山荘5:20－登山口－尾根取付－広瀬（近丸新道と福ちゃん新道の合流点）－木賊山稜線－甲武信小屋11:00〜12:00（甲武信岳往復）－登山口16:15

　長い一日であった。標高1700mから上部は残雪が深く、スパッツを着けストックを握りしめて登る。有難いことに先行者のトレースがあって歩きやすい。途中、雪上に鹿とカモシカの半ば白骨化した死骸を見て冬山の厳しさを思

う。たどり着いた甲武信小屋はまだ1mもの雪に埋もれてランプを灯していた。

　小屋から甲武信岳の山頂は近かった。三国三県に跨る山頂からの眺めは広大そのものであり、三国の強武者たちもきっと戦意を削がれたに違いないと思ったのである。

　下山は往路の踏み跡を辿る。帰り着いた東沢山荘では老女がひとり蓬(よもぎ)の葉を器用にそろえて餅を売っていた。茶を所望して餅をいただき、四方山話ならぬ蓬山話を楽しんだ。

（「65　両神山」へ続く）

68　金峰山（2599m）、69　瑞牆山（2230m）

　長野県（信濃国）は周りを八県（江戸期の十州）に囲まれた陸封県であり、とりわけ関東地方との県境にある山地は複雑に入りくんでいる。1985年の夏、この県境で日航機墜落という大惨事が起きた。垂直尾翼が破損して制御不能に陥ったジャンボ機が迷走した末に御巣鷹山(おすたかやま)の尾根に墜ちた。その位置が長野、山梨、埼玉、群馬県境のどこなのかしばらくわからなかったが、不明の一因は複雑な地形にあったと言われている。

　地図を見ると、金峰山(きんぷさん)と瑞牆山(みずがきやま)の山塊は、雲取山から西へ甲武信岳を通って延びた山脈の末端に位置する。地勢的には関東の山だが行政的には山梨と長野の県境にあり、千曲川と富士川の分水嶺にもなっている。この位置であれ

ば、日本むかし話（「64　八ヶ岳」参照）に出てくる富士山と八ヶ岳の大喧嘩で仲裁役を果たせたはずだが、逆に火に油を注ぐ煽動役になってしまったようだ。

2001年10月6日（土）　曇のち晴、単独行。
コースとタイム：大弛峠9:10－金峰山11:00～11:20－富士見平13:40～16:30（瑞牆山往復）－瑞牆山荘17:00－（便乗）－増富ラジウム鉱泉

　甲府市で開かれていた環境科学の学会が終わり、金峰山と瑞牆山へ向かう。時間を惜しんで財布の紐を緩め、塩山駅から登山口の大弛峠までタクシーに乗った。話し好きらしい運転手は、山好きの皇太子浩宮（今上天皇）が金峰山へ登ったときに、山梨県警と皇宮警察が予め行った山狩りがたいそうだったと喋りつづけていた。峠は秋晴れの週末とあって登山者と観光客に溢れている。

　大弛峠から金峰山までの稜線歩きは、天候に恵まれて足どりも軽く朝日岳と鉄山のピークを知らぬ間に越えて金峰山に到着した。山頂台地の西端には遠方からもそれとわかる異形の五丈石が立っている。視線を西に向けると、長い尾根が大日岩まで続くその先に瑞牆山が見えている。柱状の岩峰をいくつも突き立てた瑞牆山は金峰山より400ｍも低いが、際立って個性的な山巓である。

　金峰山から瑞牆山を目指して下ってゆくと尾根の右側には千曲川源流の山域が広がった。瑞牆山が近くなると道は稜線上の大日岩から左へ下がり、そこには富士見小屋があ

った。小屋で分岐する道の右をとり、流れを渡って瑞牆山に向かう。垂直に立ち並ぶ岩峰間のルンゼ（割れ目のような地形）を、両手を使って登ってゆくと山頂西の鞍部に出た。そこから北東へ回り込んで登ると山頂に着く。巨石を舞台にした山頂には先行者がいた。南西の方角を見ると、登りはじめは山頂より高く見えていたローソク岩が、ここからは右下低くに見えているではないか。

　下山は注意深く往路を戻った。富士見小屋からは手入れの行き届いた山道になり、林道に出て駐車していたマイクロバスに道を尋ねると都合よく山麓ラジウム鉱泉の車であった。今宵の宿はこれで決まりである。

70　大菩薩嶺（2057m）

　大正から昭和にかけて活躍した作家、中里介山が書いた長編連載小説『大菩薩峠』を中学生の頃に読んだ記憶が残っていた。作品の背景には大菩薩嶺があったが、主人公の机龍之介が歩いたその山道が東京と山梨の県境にいまだ健在することを知り、物語は霞んでしまったが、かすかに残る山道の記憶を探そうと私は出かけた。

2002年6月3日（月）　晴ときどき曇、単独行。
　翌日から箱根で開かれる学会のまえに大菩薩嶺（だいぼさつれい）へ登る（「73　天城山」につながる）。
コースとタイム：上白川峠登山口7:50－（福ちゃん荘、富

士見新道経由）－稜線－大菩薩嶺9:50－大菩薩峠－上白川峠11:30

　大菩薩嶺への道はいくつかあった。どれを歩こうかと地図を見ながら思案した結果、日帰り登山に適した時間的にも短い上白川峠のルートを選んだ。このルートにも選択肢が何本かあったが、登山者の多いルートを避けて途中から左へ逸れる富士見新道を選択する。この新道が大菩薩嶺の山頂へ上がる近道にも思えたからだが、予想したとおりこの新道は登山者には出会わない静かな山道であった。峠と山頂を結ぶ稜線に出たあと左へ登り、大菩薩嶺の静かな山頂に立つ。そこは昔の武蔵と甲斐の国境であり東京湾と駿河湾の分水嶺でもあった。

　下山は峠の小屋が建っている大菩薩峠へ回り道をする。小屋の中には中里介山関連のグッズと土産品が並べられており、時間はゆっくりと流れていた。

71　丹沢山（蛭ヶ岳1673m）

　丹沢(たんざわ)山塊は首都圏に住む山の愛好者にとって裏庭のようなところらしい。私は高校時代に故郷を離れて東京で3年間島流しのような下宿生活を送ったが、その間は信州の山が懐かしくて丹沢の名に憧れていた。だが、当時もまた今の高校生と同じく青春時代と勉学とは切り離せなかったから、その間は山歩きの心を封印していた。

それから46年の年月が流れ、ようやく丹沢への封印を解く時が来たのは2002年の春に高校同期会が東京で開催される旨の通知が届いたときであった。私は脈絡もなく森君という同期生が在学中に丹沢で遭難したことを思い出しながら、山歩きの支度を整えて同期会に出席した。

2002年5月19日（日）　曇のち晴、単独行。
コースとタイム：大倉尾根登山口6:00－塔ノ岳（1491m）9:45－丹沢岳（1567m）－蛭ヶ岳（1673m）12:50－姫沢－焼山－西野登山口17:00－バス停（橋本駅へ）

　昨夜泊まった秦野（はだの）駅前からタクシーで大倉尾根の登山口まで行き、長くて単調な尾根道を登りはじめた。塔ノ岳までは1300mの標高差があったが、むしろ水平距離の長さにうんざりする。とはいえ、古い歴史のあるこの登山道は要所要所に見どころが多かった。
　塔ノ岳の山頂には拓かれた広場があって大きな山小屋と通信施設が建っていた。そこから蛭ヶ岳（ひるがたけ）までは林の少ない尾根の上り下りが続く。途上の丹沢岳で東からの登山道を合わせてなおも尾根道は続き、昼を過ぎた頃に主峰の蛭ヶ岳へ到達した。平坦な山頂には感じの良い山小屋が建っており、塔ヶ岳の小屋とは違って都会を感じさせない風情が感じられた。
　相模湖方面の焼山に向かって下山をはじめると、休憩をあまりとらずに歩き続けてきた影響が出はじめた。脚の筋肉に痙攣が起きはじめ、大腿四頭筋が思うように伸ばせな

いのである。やれやれ、でも慌てることはない、いつもの治療法の出動である。その処方箋とは、まずスポーツ飲料を飲んで血行促進スプレーを患部に噴霧し、マッサージを施したあと芍薬甘草薬を服用し、歌を唄って有酸素運動を促す、というまことに賑やかなものである。

　そのおかげで、黍殻山を通って西野々のバス停まで下り、丹沢山の南北縦走を終えた。歩行時間は11時間30分、治療時間を除けば10時間ほどだろうか。

　バス待ちの間に手首の脈泊を測ってみると不整脈が出ている。トン・トン・トン・スーッ（休止音）という〈3＋0〉鼓動を繰り返しているではないか。水分不足のせいだろうと疑いバス停脇の自販機でスポーツ飲料2缶を買って飲んだが治まらなかった。帰宅後にホームドクターの医師に報告したところ、"心臓かて疲れたら休みとうなるやろ"との診断を得た。過ぎたることには及べなくなった我が身を知る。

72　富士山（3776m）

　高さと容姿は日本一、幼い頃から富士山は美の極致と教えられてきた。駿河湾から立ち上がった海抜3776mの姿は正真正銘の美しい独立峰である。この国には高さでは富士山に及ばずとも二等辺三角形の姿を持った山はたくさんあるが、高さに憧れる人々は富士山へ競って登ろうとする。その狂おしい姿を見て私は"やま高きがゆえに尊から

ず"と嘯きながらこの山へ登るのをためらっていたが、正直にいうと理由は高山病にあった。標高3300mを超えると症状が出るのである。むかし、モンブランのエギュ・ドゥ・ミディのロープウエー駅でその症状が出たとき、たまたま居合わせた日本人魔術師の引田天功氏が私に術をかけて治してくれたが、これはまことの話である。

　日本には"男子たるもの60歳までに一度は富士山へ登るべし"のような強迫的言い伝えがあるようだが、私もその歳に近づいた頃に周りにそそのかされて"日本一"へ登ってみようと信条を曲げることにした。加えてせっかくの機会だからと尋常ではない登り方を考えた。それは、"海抜０ｍの田子之浦で駿河湾の海水を汲み、それを山頂3776mまで足で運び上げて奉納したあと本栖湖まで歩いて下がる"というものであった。

1994年９月24日（土）　雨一時強雨、単独行。
コースとタイム：JR吉原駅6:14～6:40（田子之浦港まで往復）－十里木分岐－水ヶ塚15:15（ヒッチハイク待ち）～15:45－御殿場

　ＪＲ吉原駅から歩いて10分、田子の浦の海岸に出て唖然とした。ここが山部赤人の詠んだ田子の浦なのかと。砂浜は見渡す限り波消しテトラポットで埋めつくされて波打ち際に砂浜がないのである。私は渋々とそのコンクリート塊に足をかけて駿河湾の海水を汲んでボトルに入れた。駿河湾の海底は深海魚が棲むほど深いところだから、汲んだ海

水を富士山頂へ運んで浅間神社へ奉納すれば、海水は標高差4000m以上を登山したことになり、なんとも痛快である。だが、その魂胆を嫌ったらしく、今日のお山は一日中雨の中だった。

　海岸から駅へ戻り、傘をひろげて踏切を渡り歩きだす。富士市の吉原一帯は道路に沿って高い塀をはりめぐらせた工業都市である。新幹線と東名高速道のガード下をぬけて県道24号に合流し、愛鷹山の北麓に開発された十里木高原に向かって歩き続けた。ふと見ると道端に千円札が一枚雨に濡れて落ちているではないか。これも何かの縁であろうと拾い上げ、駿河湾の海水と一緒に山頂の浅間大社奥宮へ奉納しようと海水入りのボトルに輪ゴムで止めた。

　駅から歩いて5時間、国道469号と合流して標高が高くなった正午ごろ十里木高原へ着く。別荘地の中を近道して通り抜け、クルマの姿が絶えたドライブウエーの路肩を歩いて上部料金所に着いたが、水柱が立つほど雨が激しく降り出した。仕方なく、五合目まで歩く今日の予定を諦めてここまでとした。料金所の北西にある登山口一合目の水ヶ塚まで歩き、そこで30分間ヒッチハイク待ちをして御殿場へ下がる。その間、30台以上の車が通り過ぎた。都会近くでの雨中のヒッチハイクは地獄であった。

1995年9月29日（金）　高曇、内田雅勝氏と二人行。
　前年から持ち越した富士登山に、今年は義弟の内田氏を連れに得てリベンジした。早朝の御殿場駅から富士宮登山口1合目の水ヶ塚まではタクシーで行く。

コースとタイム：水ヶ塚1合目5:35－（御殿の庭）－新6合目9:30－9合目13:00－富士宮口山頂14:30－（測候所経由）－吉田口山頂15:40〜16:00－吉田口6合目－佐藤小屋19:45

　気温は高めで風は弱かった。水ヶ塚から4合目まではコケモモが実る森林帯を登る。駐車場のある5合目を左後方に見ながら宝永噴火口へ立ち寄った。なるほどここは地温が高い。火山研究者が富士山はいつ噴火しても不思議ではないと言っていたのを思い出した。途中で5合目登山口からの登山客と合流するが9月末ともなると数は少なかった。9合目にさしかかったあたりから二人に高山病の症状が出てきた。呼吸は荒く歩行が遅くなり、天気は穏やかだが風が吹くと細かい砂礫が顔面を叩いた。

　ようやく富士宮口山頂に到達する。例年なら岩陰やお釜の中に初雪が残っていると聞いていたがその名残はない。富士宮口山頂に祀られた浅間神社の社頭で、昨年、田子の浦で汲んだ駿河湾の海水とその道連れの千円紙幣を取り出し、おもむろに1年遅れの奉納の儀を執り行った。儀式を終えて私はようやく安堵した気持ちになる。このあと駿河湾の水は富士山の水になって山下りの長い旅を始めるのである。急かず慌てず170年ほどかかるかもしれない旅のあとに、その一滴または一分子程度の水が駿河湾へ戻るであろう。関わりもなく歌の一句が浮かんできた。

せをはやみ　いはにせかるる　たきがはの
　われてもすゑに　あはむとぞおもふ（崇徳院）

　剣が峰を越えた二人は吉田口からゆっくりと下りはじめた。連れは四頭筋が痛むと言ってはしばしば後ろ向きに歩くものだから、吉田口の佐藤小屋へ到着したのは日没後であった。遅い到着にもかかわらず夕食と入浴を提供してくださった小屋に感謝したい。

9月30日（土）　晴
コースとタイム：佐藤小屋7:15－5合目駐車場－（精進湖下山道）－3合目スバルライン横断点9:20〜10:20（道を間違え1時間ほど損失）－精進湖民宿村13:00－本栖湖国民宿舎

73　天城山（万三郎岳1406m）

　歌謡曲の「天城越え」がとくに好きではなくても、川端康成の『伊豆の踊り子』に青春の記憶を重ねる年配者は多いのではないか。私もまたそれと似たおぼろげな記憶を心に秘めて天城山とその周辺の峠を訪れた。帰途に天城峠下のバス停から〈伊豆の踊り子号〉と書かれた路線バスに乗ると、車上では裾の短い絣衣を着た若い車掌が切符を切っていた。

2002年6月2日（日）　晴ときどき曇、単独行。

　前日に沼津市で企業見学と講演の予定があり6月4日から箱根で学会がある。それならと、挟まれた2日間を使って天城山と大菩薩嶺を歩くことにした。初日は登山口の天城高原カントリークラブまでバスで行く。

コースとタイム：天城高原CC横の登山口8:50－万二郎岳－万三郎岳10:55－白田峠－八丁池－天城峠－新トンネル北のバス停15:00（バス・伊豆の踊り子号）－修善寺

　伊豆半島を訪れたのは初めてであった。伊東から登山口までバスがあり、終点からゴルフ場の垣根に沿って登山道を登ってゆくと万二郎岳（ばんじろう）の山頂に着く。さらに尾根道を進み、盛りを過ぎたアセビの花がシャンデリア回廊のように登山道を飾る道に入った。そこを抜けると最高峰の万三郎岳（ばんざぶろう）山頂である。その先も天城の山道はアップダウンを繰り返しながら緩やかに続き、池塘を訪れたあと小峠を通って私を天城峠まで案内してくれた。バスの通る新トンネルは旧峠近くの山腹を貫いて建設されていた。

　（「70　大菩薩嶺」へ続く）

ひと休み（11）
産業と経済が操る表面的な地球環境問題の対策

　DVD や BRD が世に出たとき、国内外の観光旅行者は減るだろうと予想しましたが結果は逆でした。コロナ禍では疫病への恐怖心が人の移動と活動を抑制できることを証明しましたが、それ以上に、疫病もおそれず安楽、便益、金稼ぎに走るのが人の性癖であることも暴露しました。地球環境が壊れるほどの致命的な危機が襲ってきても、いまの人々はそれを"隣の家の芝生の変化"くらいにしか受け取らないのだと知って私は怖くなりました。

　また政治とは、経済を良くするための社会の仕組み程度にしか考えていない若者が多く、自然環境の深刻な変化を実感していないか、実感していてもその事実を認めたくないのでしょう。大都市化に不可欠な情報技術や AI 技術は随分と普及しましたが、人の動物的感覚はかえって自然環境から隔離されてゆきます。カジノや博覧会開催も同様に、人の知性に麻酔をかけて環境破壊の恐ろしさから隔離し、壁の外はまだ広いように誤解させてしまうのです。その意味で大都市化は恐ろしい罠です。人はそこから抜け出して山歩きに出かけても、山から帰ると元に戻って抜け出せません。大都市生活を甘受しているのです。

　このように、人間の生活スタイルを経済戦士の形にはめ込んでゆく現在の都市型社会は、政治と産業経済が地球環境問題の核心を避けて通るのに好都合です。そこではコスパやタイパのように効率化と投資効果を優先するプロパガ

ンダが溢れており、産業界は自らが作って売り広げたモノに最後まで責任を持とうとはしません。消費したあとは〈循環〉や〈環境に優しい〉のような詐称的で使いやすい言葉を使って焼却し、廃棄し、環境中での分解に任せています。その結果、有限な地球環境は廃棄物によって覆われ、気候と生態系に異常を来しています。CO_2の実質排出量削減につながらない排出量取引や、地球に穴を掘りCO_2を埋め込む姑息な手段で気候変動は防げる、と説いているのはいったい誰でしょうか。プラスチックに当初から生分解性を仕掛けておいて使用後は土や海が分解してくれると説くのは誰でしょうか。廃棄物は分解しやすいものばかりではありません。

　そもそも、作り使ったあとの責任に価値観を与えていない現代経済学が問題なのです。

　このように、地球環境問題のほぼ"全て"が、我々の集団的な未必の故意（P.282）によって起きているのです。

　纏（まとい）を振り命懸けで火の粉を防いだ江戸の火消しは、火事が起こらないことを切に願っていたことを忘れてはなりません。

6章　中央アルプスと南アルプスの百名山
　　　山番号　74〜86

74　木曽駒ヶ岳（2956m）、75　空木岳（2864m）

　木曽駒ヶ岳は甲斐駒ヶ岳に次ぐ標高の高い駒ヶ岳であり、その差は11mしかなく、"木曽"の名を冠してはいるもののその姿を木曽谷側から眺められる場所はあまりない。山の写真も東の伊那谷側から撮ったものが多く、百名山案内書には木曽谷コースではなくロープウエーが架かった伊那谷側の千畳敷コースが紹介されている。どうやらこの山では観光登山と信仰登山の相性が良くないようだ。私は信仰登山の道として開かれた木曽谷の上松コースから登った。

木曽駒ヶ岳（右奥）と木曽前岳（1985年8月）

1985年8月26日（月）〜29日（木）　単独行

8月26日（月）　晴
　昼に京都を発ち、JR木曽福島駅からタクシーで上松登山口まで行く。夜は無人小屋の敬神の滝小屋に泊まったが客は私一人だけであった。素泊代を指定場所に納める。

8月27日（火）　晴
コースとタイム：敬神の滝小屋6:40－5合目金懸小屋9:00－木曽前岳12:00－頂上木曽小屋13:30

　今日の登りがきついのは覚悟していた。標高1100mの小屋を出て標高差1800mの上松登山道をただひたすらに登って木曽駒ヶ岳の山頂を目指した。なかでも、五合目の金懸小屋までは山腹を絡む要注意の坂道である。五合目を過ぎると道は山腹から尾根近くに移り、巻き道と分岐する地点からは尾根道を選んで木曽前岳に着く。ここから九合目の鞍部と頂上木曽小屋まではあと少し、駒ヶ岳の山頂は頂上小屋の少し先にあった。小屋に荷を置いて山頂を往復する。
　山頂からの展望は"素晴らしい"の一言に尽きた。快晴の空の下、宝剣岳から空木岳さらに南信の山々まで手に取るように見える。東には伊那谷を越えて南アルプスの甲斐駒ヶ岳、仙丈ヶ岳、北岳、間ノ岳、塩見岳が立ち上がり、西には御嶽山と乗鞍岳、その北には穂高連峰と槍ヶ岳の姿

が一望の内にあった。木曽駒ヶ岳の山頂はさながらウイーン・オペラ座の桟敷席であり、私はそこに立つ登山姿の観客であった。

 小屋に戻ると今宵の同宿者は中学教師とその連れの元教師に中国から来た青年の3名であった。みな千畳敷からの登山者である。

8月28日（水）　快晴、ご来迎（5：20）を小屋から拝む。
コースとタイム：頂上小屋発6:40－宝剣岳7:25－檜尾岳10:00－東川岳－木曽殿小屋13:45

 中央アルプスの2日目は縦走で始まった。朝一番の仕事は宝剣岳の岩峰を越えることであったが、早朝だったので登山者は少なく、岩塊が積み重なった山頂を問題なく通過した。稜線の東側に広がる千畳敷カールを脚下に見下ろしながら尾根道を快適に歩いて檜尾岳に着く。東の山稜上に避難小屋が見える。そこは大学の1年先輩だった山口勝さんが、社会人仲間と春山登山中に突風に煽られて滑落したところと聞いていた。立ち止まって黙祷を捧げる。
 私は縦走を続けた。檜尾岳の鞍部を過ぎて熊沢岳まで来ると、行く手に空木岳(うつぎ)が翼を広げて大きく迫ってきた。さらに進むと東川岳、そこを下ると木曽殿山荘が建っていた。木曽谷側からポンプで揚げる冷水が洗い場に溢れているのを見て、今宵の宿はここに決める。

6章　中央アルプスと南アルプスの百名山

8月29日（木）　快晴
コースとタイム：（ご来迎5:20）－木曽殿小屋6:10－空木岳7:10－空木平避難小屋－尾根道と合流－迷い尾根9:30〜9:50－池山小屋－駒ヶ根鉱泉12:50

　木曽殿乗越から空木岳への登りは朝一番の仕事である。岩だらけの稜線を縫うように登り、達した空木岳は岩が立ち並ぶ男性的な山であった。近くに同じような高さの南駒ヶ岳が岩の山頂を見せている。
　さて、この空木岳から池山尾根の長い下りが始まるのだ。空木岳から伊那谷までの標高差2000mを転げるように下ってゆく尾根道は曲者であり、気を引き締めなければならなかった。下りはじめると道は二分したが、私は駒石を経由する尾根路よりも避難小屋があって草花の多い空木平の道を選んだ。この二つのルートは再び合流する。池山尾根は南北両側の斜面が共に急傾斜であるから、積雪期はもちろんのこと夏山でも滑落しかねないので注意が必要である。実際、小地獄と大地獄の鎖場で私は緊張した。
　標高2000mを切ると道は尾根の北側に回って森林地帯に入り、滑落の危険はなくなった。水が流れている池山小屋を過ぎると林道が現れて、登山道はその林道を繰り返し横切りながら開発の進んだ大沼池畔へと続いた。足のまめが痛んだ。

後記：後日になって野麦峠から木曽福島まで歩いたあと、上松まで崩れかけた旧林鉄の軌道跡を辿り、上松の先にあ

る宝剣岳が見える上松登山口まで歩を延ばした。それには目的があった。田子の浦と日本海の泊海岸とを、三つのアルプスを越えて結ぶためだったのである。

76　恵那山（2191m）

　長野県の人が県外へ旅するときは、山を越え川を渡り隧道を抜けなければならない。名古屋方面との出入りには中央道の恵那山トンネルを車で通ることが多いから、この隧道は同県の西玄関であるといえるだろう。木曽路が"梯の道"と呼ばれた時代は遠い昔になってしまった。ところが私はこのトンネルをしばしば通っているにも拘らず、夏に恵那山頂を見たことがない。それはこの山がいつも積乱雲に隠れているからであった。ここは美濃地方へ届けられる雷雲の生産地なのである。

　一度は登ってみたいと思っていたが。その機会が訪れたのは春の大型連休であった。

1996年5月3日（金）　晴、単独行。
　中央道の中津川 IC から恵那山登山口のある黒井沢口まで車で入り車中泊する。

5月4日（土）　晴
コースとタイム：黒井沢登山口5:30－野熊の池小屋－恵那山頂上小屋8:40－（頂上往復）－西北山頂－神坂峠13:00－

（鬼頭さんの車に便乗）－黒井沢登山口

　近くにオートクロカンのゲレンデがあるらしく、泥まみれの車両を積んだトレーラーが行き交っていた。黒井沢の登山口までは舗装が破れた泥だらけの道であり、看過できない環境破壊であった。自動車産業で潤う愛知県の財政とは逆に、国民はこのような環境破壊のツケを払わされているのである。

　それとは対照的に、登山口から恵那山頂までの山道は森の中の快適な散歩道であった。ログハウス風に造られた野熊の池避難小屋から上の登山道は残雪に埋もれて、針葉樹林帯に入ると雪はさらに深くなった。到達した台地状の山頂部に建っている避難小屋から薪を焚く煙が上っている。小屋の近くにある山頂を往復したが、そこは木立に囲まれて眺望は良くなかった。

　下山先は神坂峠ときめていた。地図上には避難小屋の北西に一宮と記された地点があり、雪上に残る先行者の靴跡はそこから北へ曲がっていた。北尾根の残雪はまだ深く、私はズボズボと音をたて下りはじめる。山のこぶをいくつか越えたころに脚が攣りはじめたが、想定内だったので定番の治療法（「71　丹沢山」）を施して峠へ下りた。峠で出会った名古屋の鬼頭さんに黒井沢の登山口まで便乗させていただく。

ひと休み（12）
山へ登ると透けて見える宇宙飛行士の姿勢と有限の地球

　地球を覆う大気層がどれだけ薄っぺらなものかは、宇宙飛行士でなくても高い山へ登ればわかることです。でも、それを人々に知らせようとした宇宙飛行士の話を聞いたことがありません。"宇宙しか見ていない選ばれた人たちだから己の活動が地球を傷つけている自覚など不要なのだ"と猶予する気は私にはありません。たとえJAXAの活動を広報する立場にいようと、"地球は青くて美しかった、ぜひ皆さんに宇宙旅行をしてほしい"などと人を惑わすのをやめて、むしろ"地球には限りがある"と強く警告し、"宇宙旅行は人類の自殺行為であり地球を放棄する行為です。ですから、宇宙飛行士は皆さんの代理として、知りたいこと味わいたいことを探索してお届けします"と訴えてほしい。富裕層相手の宇宙旅行や地球外資源の探索をビジネス化しようと説いてまわるサンドウィッチ・パーソンは止めて、"科学と科学技術は地球あってのもの、万人のためのもの"と正しく伝え、選ばれた数少ないエリートとしての責任と特権をきちんと自覚してほしい。

6章　中央アルプスと南アルプスの百名山

77　甲斐駒ヶ岳（2967m）

　日本に20余ある駒ヶ岳のなかで最も背の高い甲斐駒ヶ岳、その堂々とした容姿は白髪の仙人に似て、伊那谷、甲府盆地のいずれからも花崗岩でできた白い山体を望むことができる。主峰の南肩に突き出た摩利支天の岩壁もまた見事だから、私はこの摩利支天峰を仙水峠から撮った写真を見て、主峰と間違えていた時期があったほどである。

　この山を水源とする渓谷の水は深く澄んで清らかであり、なかでも尾白川系の水は洋酒造りに適しているらしい。川床の花崗岩は渓水に磨かれて美しく、近くの東京からこの地だけを目的として訪れる人が多いと聞く。一方で、駒ヶ岳の北に張り出した黒戸尾根と西の鋸岳尾根は険しい岩稜であり、一般登山者の多くはそれを避けて南の北

駒津峰から振り返って甲斐駒ヶ岳を見る（2007年10月）

沢峠または東の仙水峠から登山する。私は仙水峠および黒戸尾根から登った（登山2回）。

①1998年8月12日（水）、13日（木）　仙水峠から登る。両日とも高曇り、奥雄介君と二人行。
コース：12日　長谷ー（バス）ー北沢峠ー仙水峠ー甲斐駒ヶ岳ー仙水小屋（泊）ー13日　仙水小屋ー北沢峠ー小仙丈岳ー仙丈岳ー（藪沢）ー北沢峠

②2007年10月12日（金）、13日（土）　黒戸尾根を登る。単独行。
コースとタイム：12日曇　竹宇神社登山口6:00ー笹の平8:15ー七曲がりー刀利天狗ー五条小屋跡ー七丈小屋12:30（泊）ー13日晴　七条小屋6:50ー八合目石仏ー九合目鉄剣石ー甲斐駒ヶ岳9:30〜10:00ー摩利支天10:30ー六方石ー駒津峰ー双児山ー北沢峠12:55

10月12日（金）
　竹宇駒ヶ岳神社の社頭で登山の安全を祈願したあと境内の横を流れる尾白川を渡って尾根にとりつく。この登山道は令和天皇が皇太子のときに登山したのに合わせて手が加えられ、笹の平まで歩きやすくなったと聞いていた。笹の平上部の七曲がりを過ぎると手摺の鉄杭が打ち込まれている尖った岩が並んだ刃渡りがあった。その先にも梯子と鎖が設置された坂が続き、登って刀利天狗の祠に着く。ここを過ぎると黒戸山、巻いて下ると旧五条小屋の跡地があり

解体された小屋材が積まれていた。ここから道は一段と厳しくなり、長い梯子に鉄の鎖と桟橋渡りが続いたあと、ようやく道は水平になって七丈小屋に着いた。まだ昼を過ぎた頃だったが先を急ぐ必要もない。無理を押して登ったところでこの先に小屋はないから、今日はここで泊まることにしよう。

　小屋の主人はその日の宿泊予約者分の食事を仕入れに毎朝山麓まで往復する、と聞いていた。一種のケータリングである。そういえば今朝、私は彼らしき超人と笹の平ですれ違った。空のトロ箱を背負い雌を追う雄カモシカのように駈け下ってゆく男を見たのである。二度目は小屋が近くなった頃に、トロ箱を背負った同じ人物が追い抜いて行った。そのとき背負っていた荷物がいま目の前に置かれている夕食膳なのだ。この風変わりな山小屋御膳を私は忘れないであろう。それから15年が経った2022年、ラジオ第一の土曜日番組"石丸謙二郎の山カフェ"から聞こえてきた七丈小屋の主人の声は、しかしあの男性の声のようには聞こえなかった。聞き違えたのであろうか。

10月13日（土）

　昨日は無理に頂上を越えなくてよかった。黒戸尾根の7～9合目に予想以上の時間がかかったからである。腕力が必要な岩場や短足の私にはきつい鎖場があった。そのあとは平坦な道になり、草鞋を飾りつけた祠のある甲斐駒ヶ岳に着いた。ああ、見渡す360度の眺望は文句なしに素晴らしい。どれだけ言葉を尽くそうとも先人たちが残した賛辞

を越すことはないであろう。釜無川を隔てた北の方角には八ヶ岳がせり上がり、なかでも長い裾を引く赤岳は別格である。

　下山の途中、摩利支天峰へ寄り道をする。錆びついた鉄製の神具・武具を賑やかに飾ったこのピークは、仙水峠から見上げれば主峰と見紛う立派な岩峰であるが、主峰から見下ろすと駒の肩にしか見えない。そこから下る道は花崗岩の砂が覆う滑りやすい道だった。途中で立ち止まり主峰を振りむくと、山は白眉の目尻を下げて微笑んでいた。

78　仙丈岳（3033m）

　晴れた日に伊那谷の中央自動車道を走ると、東に南アルプスの山々が連なって見え、運転が疎かになりそうである。なかでも目につくのは北部の仙丈岳、山に詳しくない人はこの山を北岳と見誤るらしい。仙丈岳とは高い山という意味、千丈は3030mだから高さと名称がぴたりと一致する。

　仙丈岳は長野県と山梨県の県境にある。西に天竜川が流れて伊那谷となり、東に大井川上流の野呂川が流れて北岳をぐるりと回り、早川となって富士川に合流する。このように仙丈岳は伊那谷から眺めると北岳の前衛峰に見えるのである。

1998年8月13日（木）　晴、奥雄介君と二人行（「77　甲斐駒ヶ岳」①から続く）。
コースとタイム：仙水小屋－北沢峠－（尾根道）－仙丈岳－仙丈小屋－馬の背小屋－（藪沢）－大平小屋－北沢峠－（バス）－仙流荘

　前日に私たちは仙水峠から駒ヶ岳を往復したあと仙水小屋に泊まる。翌朝、山小屋の主人・矢葺敬三氏が発する起床の掛け声で跳ね起きた。朝食を済ませて夜明け前の暗い山道をヘッドランプを頼りに下る。久しく聞いたことがなかったスパルタ式起床ラッパで身が引き締まり、足どりは軽い。北沢出会いの長衛小屋から林道を上流へ歩いて、峠の手前から左の尾根にとりついた。稜線に出たあと迷うことなく登ってゆくと五合目の藪沢分岐点に着く。左をとって尾根を登ると小仙丈岳を越えて仙丈岳の山頂に着いた。そこには素晴らしい眺めが待っていた。野呂川を越えて手の届く近さに北岳が聳えている。これほどの近さに北岳と接すると、200ｍの標高差は十分に威圧的であり、仙丈岳は北岳の前衛兵にならざるを得ない。目を南に転じると、足元から南へ延びた仙塩尾根、通称バカ尾根が、南アルプスの主稜となって続いているのが展望できた。

　下山には馬の背ルートをとって藪沢を下る。仙丈岳北面のカールにある仙丈避難小屋の周りには、雪渓を囲むように高山植物が群生していた。そこを下がって馬の背ヒュッテを過ぎた坂道で尻餅をつくこともあったが、藪沢の滝を過ぎて林道バスの走るスーパー林道に出た。あとは標識に

従い大平山荘から近道を通って北沢峠へ戻る。

79 鳳凰三山：地蔵岳（2764m）、観音岳（2840m）、薬師岳（2780m）

　南アルプスのガイドブックには鳳凰三山をはじめに紹介している冊子がある。晴れた日は甲府盆地から西の近くに鳳凰三山が見えるから、この山が山梨の人たちに親しまれるのは当然であろう。因みに、規模は小さいが滋賀県の金勝アルプス（別名、湖南アルプス）も花崗岩とその崩壊砂で形成されており、まるで鳳凰三山の箱庭のようだ。鳳凰三山の背景は甲斐駒ヶ岳と北岳だが、湖南アルプスの背景は琵琶湖と比良山、これもなかなか良い。

2001年8月24日（金）、25日（土）　両日とも晴、奥雄介君と二人行（テント泊）。

8月24日（金）
　昨夜は青木鉱泉にテントを張って寝た。明けて24日、登りはドンドコ沢の急坂から始まる。この沢の名にはオノマトペとしての快い響きがあり、巨石を積み敷き歩幅が必然的に長くなる階段状の坂道を、短足の二人は脚を伸ばして顎を突き出し、なんとかリズムをとりながら登ってゆく。霧が立ち込めて視界は利かないが、いくつかの滝を音だけを聞きながら通り過ぎた。やがて霧が晴れ谷の景色がひら

けると、そこは地蔵岳に近い小さな平地であり鳳凰小屋が建っていた。古びた木造の小屋に荷を置いて地蔵岳に向かう。花崗岩の砂が詰まった坂道を登るとオベリスクの別称を持った地蔵岳の基部に達した。この岩峰は、いくつかに割れた巨大な花崗岩で構成され、その形相が仏僧の頭巾姿に似ているところから地蔵岳と呼ばれているのであろう。頂上直下にロープが掛かり岩頭までの岩登りに誘うが、二人の技量と体力を考えるとこの地点で十分であった。

8月25日（土）
　鳳凰小屋を出てすぐの南斜面を登って稜線を目指す。
コースとタイム：鳳凰小屋 5:20－観音岳－薬師岳小屋（中道経由）－青木鉱泉12:30

　登りはじめは悪路であった。やがて足元のたしかな坂道に変わって観音岳西肩の稜線に出た。白砂に覆われた縦走路を進むとこの山系の最高峰、観音岳に着き、さらに進んで薬師岳の山頂に達した。足元には稜線から身を隠すように建てられている薬師小屋があり、巨岩が立ちならぶ小屋の周辺は写真撮影の好適地である。

　私たちはここから縦走路を外れて中道登山道を下り青木鉱泉に向かう。薬師岳の東面を下る道は急坂であった。谷に下り着き林道沿いに下ると昨朝出発した見覚えのある青木鉱泉のキャンプ地に戻った。ひとまず休憩しよう。疲れがとれたら甲州街道を遡り、諏訪湖を経由して常念岳東麓の穂高国民休暇村へ移動する予定である。

(「56 常念岳」へ続く)

80 北岳（3193m）、81 間ノ岳（3190m）、
82 塩見岳（3052m）

　四方を山に囲まれた長野県上田市育ちの私であるが、中学生まで北岳が日本で二番目に高い山であることを知らなかった。二番目は槍ヶ岳であるとばかり信じていたのは地元贔屓の大人にそう教えられていたからである。誤った知識はまもなく修正されたが、それでも北岳は私からは遠く、五十路を過ぎてようやく登る日が訪れた。

　蛇足ながら北岳は山梨県の山である。間ノ岳は静岡と山梨の、仙丈岳と甲斐駒ヶ岳は長野と山梨の県境上にあるなど、北岳周辺の地政地勢図は複雑であり人を惑わせることが多い（北岳と間ノ岳へ登山2回）。

①1993年10月16日（土）、17日（日）　高曇、単独行。北岳と間ノ岳の登山。
コース：16日　広河原－大樺沢－（草付経由）－肩の小屋－北岳山頂－北岳山荘（泊）－17日　山荘－間ノ岳－農鳥岳－（大門沢）－早川出合－奈良田

　東京で開かれた学会の出張帰りに登った記録である。甲府駅から広河原までは早朝の乗り合いタクシーに乗った。まだ元気な頃であったから、広河原から一気に大樺沢を遡

って二股から右俣ルートの急坂を登り、肩の小屋を経由して北岳山頂に立つ。標高3000mから上の岩陰には数日前に降ったとみられる雪が残っていた（北岳山荘泊）。

　翌日も好天に恵まれた。北岳山荘を出て間ノ岳へ、さらに西農鳥岳（3051m）から農鳥岳（3026m）まで白峰三山の稜線を歩いたあと、稜線から東へ外れて急坂の悪名高い大門沢を下り奈良田へ出た。転石ゴロゴロの長い大門沢の下りで膝はガクガクになる。

　2年後の1995年5月6日、新緑が萌えはじめた早川沿いの道路を、私は内田雅勝さんと奈良田から下部温泉に向かって歩いていた。その目的は、田子の浦から富士山頂を越えて下部温泉まで歩いていたトレースを、上述①の白峰三山縦走とつなぐためであった。このように、58節で述べた"日本列島中央部の徒歩縦断"の夢は完結に近づいていった。

②2000年7月28日（金）～30日（日）　山中秀樹さんと二人行。間ノ岳から塩見岳まで縦走。

7月28日（金）　曇のち雨
コースとタイム：長谷バス停6：25－北沢峠バス停－広河原バス停8：00－（大樺沢経由）－八本歯コル13：15－山頂分岐点－北岳山荘14：45（泊）

　同行者の山中秀樹さんはスガイ化学の研究技術者であり、当時は共同研究者でもあった。彼の運転する車で伊那

北IC（インターチェンジ）から長谷村に入り車中泊する。翌朝、スーパー林道のバス便で北沢峠まで上り、バスを乗り継ぎ広河原に着いた。大樺沢を登りはじめると雨になる。

　すれ違う登山者集団はみな大所帯で、私たち二人は道を譲るばかりであった。二股分岐点を右折せずに大樺沢を登り続けると雪渓が現れた。晴天であれば右上方に北岳バットレス（胸壁、切り立った急峻な岩壁）の岩壁が迫って見えるはずであったが今日は雨雲の中である。登る途中で礫石の合間に長さ数センチの小判型をした山蛭らしい軟体生物を見つけた。裏面の腹部は黄色で草鞋のように中央部がへこみ、いかにも吸血性らしい不気味な生き物であった。

　雪渓上部から傾斜の急な小尾根に取り付く。連続する金属製の梯子を登って八本歯のコルに達したが、バットレスはいまだに雨雲をまとい姿を現さない。雨天が恨めしい。

　コルから右へ登ると北岳山荘と山頂との分岐点があった。悪天候だったから山荘への近道を提案したが、北岳が初めてという同行者はどうしても山頂へ行きたいという。そこで彼の希望を汲んで別行動をとることにした。悪天候下の行動について十分に注意を伝えたうえで山荘で落ち合うこととし、彼は山頂へ向かう。1時間半後に彼とは無事に北岳山荘で合流したが、荒天候のために小屋は登山客で溢れていた。同伴者は無理がたたったのか不調を訴え、小屋付属の大学診療室で投薬を受ける。

7月29日（土）　曇ときどき雨
コースとタイム：北岳山荘6:45－中白峰－間ノ岳8:30－三

峰岳－熊の平小屋10：30

　北岳山荘から間ノ岳に向かう。間ノ岳は大きな包容力を感じさせる山であり、標高は奥穂高岳と同じで本邦第三の高峰である。白峰三山の稜線は間ノ岳で東西に分かれて、東へ向かへば本節①に記した農鳥岳に続き、西へ向かへば三峰岳である。私たちは西への道をとった。

　三峰岳（2999m）は仙丈岳から南下する仙塩尾根（通称バカ尾根）と間ノ岳からの尾根が合流する三叉路にある。私たちはその三峰岳山頂から西へ下った。しばらくして道は平坦となり熊の平小屋に着く。昨夜、風邪をひいた同行者の体調を案じて、まだ午前中ではあったがここに泊まることにした。小屋は静かで感じがよく食事もおいしかった。

7月30日（日）　高曇ときどき晴、昼から小雨。
コースとタイム：熊の平小屋 5：10－塩見岳10：20－塩見小屋－本谷山－三伏峠小屋15：00－鳥倉山登山口16：35－林道終点駐車場

　さすがに同行者は若く一晩で健康を回復していた。熊の平小屋を出て塩見岳に向かう。新蛇抜山を越えて北荒川岳を過ぎると登りになった。塩見岳の東肩のような北股岳に近づくにつれて傾斜が強まりガレ場となる。稜線の東は雪投沢、昭和30年代前半に南アルプスを南から全山縦走したWV先輩の記録を読むと、北俣岳から北面の雪投沢を下って大井川源流を渡り、池の沢を遡って広河内岳へ登ったと

記されていたが、その40年後の雪投沢は深い藪に覆われていた。北俣岳に着くと塩見岳まであとわずか、急な登りが残っていた。

　塩見岳の山頂部は北面がすっぽりと切れ落ちたバットレスになっている。中央アルプスなどから遠望して南アルプス中央部の位置を知りたければ、この岩壁がランドマークになるだろう。

　一休みして下山にかかる。塩見小屋までは砂礫と岩の急坂が続くから気が抜けない。小屋は強風を避けるために稜線の岩陰にひっそりと設営されていた。扉戸に"宿泊は予約が必要、ハイピークには他の小屋へ行くように"と書かれていたが、最寄りの三伏峠小屋でも2時間はかかる。

　小屋から西へ下がると信州側への分岐点があった。縦走路はそこから左へ大井川源頭部へ下って小谷を横切り、山腹を上がって本谷山へ、さらに大きな山小屋がある三伏峠へと続いた。

　当初は三伏小屋に泊まるつもりだったが、予定が1日遅れていたので同伴者は気にしていた。そのとき都合よく鳥倉山登山口へ下山するグループが小屋の戸口にいた。彼らが置き忘れたカメラを私たちが拾ってあげたこともあってか、伊那松川駅までの便乗を快諾してくれた。

83　荒川三山：東岳（悪沢岳）（3141m）、中岳（3083m）、前岳（3068m）

　本節83から86節までは荒川三山と赤石岳、聖岳、光岳の紹介である。これらの山は南アルプス南部に一群となって存在するから続けて登りやすい。とくに荒川三山はいずれも標高3000mを超える山であり、とくに東端の悪沢岳は惚れ惚れとする筋骨美の山である。

　現在、本州中央部を掘り進むリニア新幹線工事は、荒川三山近くの大井川源流を貫通することになっている。日本列島を改造するこの荒事業によって大井川の伏流水、つまり南アルプスの水源は大なり小なり水抜きされることになる。それに加えて、掘削工事で掘り出される残土処理の問題もあり、本州中央部の自然環境は間違いなく元に戻せない悪影響を受ける。よって"百害あって一利もなし"の暴挙といえるであろう。本州中央部に人間だけの輸送ルートを、これほどまで無理して確保しなければならないのだろうか。経済と技術に振り回されて自然環境が大切なことを忘れたこの国の貧弱な姿が透けて見える。

　利害関係者と関係省庁から恣意的に選ばれた審議審査会の顔ぶれは、ゴー（go）の方向にしか開かない扉に向かって答申するロボットである。ビジネスと利便性だけに絞られた彼らの動作は、かけがえのないこの国の自然をこれまでどれだけ不可逆的に破壊してきたことか。私たちは遅

かれ早かれ、このリニア事業によって失われ取り戻せなくなった自然環境の大切さに唖然とするに違いない。

"黒部の太陽"と囃し立てて建設された黒部第四ダムも、半世紀たらずの間に電力需給の形態が激変して影が薄くなった。代わって観光事業が賑わいを見せているが、ダムの維持と開発による自然破壊の負債を負わなければならないのは後の世代であり現世代ではない。せめて山を歩く者だけでも次世代への責任を案じようではないか（登山2回）。

1999年8月29日（日）〜9月1日（水）　山中秀樹さんと二人行。

8月30日（月）　晴のち曇
　前日に大井川の畑薙（はたなぎ）ダムまで車で入りダムサイトにテントを張る。翌朝、東海フォレスト（東海Ｆと略記）のシャトルバス一番に乗って椹島（さわらじま）に入った。東海Ｆは椹島を中心に南アルプスの環境管理と観光事業を展開している東海パルプの子会社であり、暴れ川の大井川源流にいくつも山小屋を建てて維持経営しているが、それがどれだけ大変な仕事なのかを登山者は察しているだろうか。
　さて、赤石岳へ登るには椹島を出発地とするのが便利である。私たちは東海Ｆの事業棟と宿泊棟がある椹島から赤石尾根に取り付いた。この尾根道ははじめ急坂だがやがて林間の快適な登りとなり、5時間ほどで赤石小屋に到着した。東海Ｆが営むこの小屋は維持管理が行き届いていて登山者は気持ちよく滞在できる。小屋の展望テラスから眺め

る赤石岳と聖岳は朝日に浮かび夕日に沈む、この景色が眺められる登山者は幸せである。

8月31日（火）　晴

　早朝に赤石小屋を出た。緩やかに尾根を上ってから赤石沢の上部に入り、浅い谷をジグザグに登って小赤石岳の稜線に出た。這松がまばらに生えている尾根道には岩桔梗が咲き、雷鳥の家族が餌を探して散策中であった。

　稜線から南へ進んで西に折れ、頂上小屋を過ぎて赤石岳の山頂に着いた。ここが北岳と並ぶ赤石山脈、すなわち南アルプスの盟主である。ここから見たスケールの大きな展望に私たち二人は虜となった（次節「84　赤石岳」参照）。

　山頂から引き返す途中、頂上小屋の中を覗いてみると素泊用の小さな小屋らしく、ヤカンがチンチンと湯気を立てていた。

　小赤石岳まで戻って稜線から北へ大聖寺平まで下がる。そこから登り返すと素朴な造りの荒川小屋が建っており、さらに荒川三山をめざして標高差500mをジグザグに登った。苦しい登りであったが白山イチゲが咲く姿に慰められながら登りきると、荒川前岳と中岳の鞍部に着いた。

　前岳（次節の「84　赤石岳」①で登った）には向かわず東へ緩やかに登ると、避難小屋のある荒川中岳に着いた。それから先はスレート状の岩を敷き詰めた下り坂になって、悪沢岳との最低鞍部に着く。南面から距離を置いて眺めた悪沢岳が際立って立派に見えるのは、この深い切れ込みがあるからだ。その反面、山頂への登りは急坂で息が切

れたが、山頂で待っていたのは素晴らしい展望であった。東に富士山、北には遮るものがなく塩見岳から間ノ岳、北岳、仙丈岳、甲斐駒ヶ岳まで、展望は欲しいがままであった。

　疲れたときの元気づけにと持ってきたドリンク剤の栓を抜いたが、飲むのを忘れるほどの眺めである。痛む足のマメを手当てして千枚岳への坂道を下った。千枚岳からさらに20分ほど下がって森林帯に入ると今宵の宿の千枚小屋があった。この小屋は数年前に焼失したが東海Ｆが再建していた。夜になり、管理人がまだ到着しない予約客を心配している。

9月1日（水）　晴
　昨夜、心配していた登山者は遅くに着いたようである。私たちは椹島を朝9時に発つバスに乗るために他の登山者と朝早く小屋を出たが、森の中の道を急ぎすぎたために昨日手当てしたマメが痛み出す。仕方なくバスを昼の便に変えてゆっくりと歩くことになり、吊り橋を渡って椹島へ10時前に着いた。

84　赤石岳（3121m）、85　聖岳（3013m）

　南アルプスは赤石山脈の通称名であり、北アルプスは飛騨山脈の通称名である。ところが赤石は山の名であり、飛騨は地域名であるから命名基準が違う。その理由はわから

ない。また、南アルプスの最高峰は北岳であり赤石岳より標高の高い山はいくつもあるというのに、なぜ赤石の名を選んだのか。なぜ飛騨山脈のように地域名をとって伊那山脈、甲斐山脈としなかったのか。そのような疑問に答える必要はないと言わんばかりに赤石岳は大きくて美しく、山頂近くに赤茶色の山肌を見せている。地元民もまた同じ思いで眺めていたのであろう。

　地図を開くと、赤石沢の源頭は坪庭のように北の赤石岳と南の聖岳によって逆コの字型に囲まれ、この二つの山巓は互いに表座敷と裏座敷の位置にあるのがわかる（登山回数は赤石岳2回、聖岳3回）。

2007年8月6日（月）〜10日（金）　単独行。

8月6日（月）　晴、三伏峠へ。
コースとタイム：伊那大島ー（バス）ー鳥倉山登山口8：45ー三伏小屋11：30

　私が到着したとき三伏小屋はすでに半分以上が登山者で埋まっていた。記帳を済ませてから好天に誘われ烏帽子岳へ散歩に出かける。三伏峠は南アルプスの臍の位置にあって南アルプスのほぼ全体を眺めることができる。その景観は、あたかも名庭を前にして感動のあまり絵筆をとろうとしない絵師のように私を虜にした。

8月7日（火）　晴
コースとタイム：三伏峠小屋 5:20－烏帽子岳－小河内岳－高山裏避難小屋10:50－水場（11:30～12:00）－（ガレ道の急登）－荒川前岳往復（15:00～15:20）－荒川小屋16:30

　この日の行動は、前半の高山裏小屋まで楽な尾根歩きであったが、そのあときつい登りになった。この小屋は南アルプス縦走路のなかで絶妙な位置にあり、避難小屋とはいえ小屋守がいた。言葉を交わすうちに彼がうわさに聞く個性的な人物であることがわかり、その雄弁な言葉には山を大切に思う心が込められていた。
　小屋から荒川岳山頂部までの標高差900mは南アルプス縦走路の中でも屈指の登り坂である。はじめに水場があり十分な量を補給した。登る途中で越谷の清水さんと姫路の常次さんの二人と歩調が合う。話題まで調子を合わせて苦しさをやわらげながら、三人そろって荒川前岳の山頂を踏んだ。

8月8日（水）　晴
コースとタイム：荒川小屋 5:45－赤石岳 8:15－百間平－百間洞小屋11:40

　8年前にこの逆ルートを歩いたことがあったが（「83 荒川三山」参照）、そのとき小赤石岳の稜線で出会ったライチョウ家族の子孫と思われる親子連れが、今年も霧の稜線で出迎えてくれた。そのあと赤石岳山頂に立ったとき、

6章 中央アルプスと南アルプスの百名山

奥聖岳から見た赤石岳、右奥は悪沢岳（2007年8月）

信濃国の南の守りは赤石岳であると中学校で習ったことをとりとめもなく思い出していた。

　赤石岳山頂から百間洞(ひゃっけんぼら)までの下り道は思ったより険しかったが、無事に百間洞山の家へ昼前に到着した。この先は聖平小屋まで山小屋がないうえに聖岳北面の急登があるから、今日はここで泊まることにしよう。谷の流れで身体を清め、軒先のベンチに腰掛けて常次さんと乾杯する。

8月9日（木）　快晴
コースとタイム：百間洞小屋5:20－大沢岳南コル（大沢岳往復）－兎岳－聖岳北尾根最低鞍部8:50－聖岳11:00〜12:20（奥聖岳を往復）－聖平小屋15:00

　さあ、今日は聖岳へ北面から登る日である。先月7月23日、雄介君と椹島から往復登山したとき聖岳は雲の中だっ

たが、今日は晴天である。小屋を出て赤石沢の源頭を絡み、稜線へ出て大沢岳を往復した。そのあと稜線を南へ下がって兎岳を越え、聖岳北尾根の最低鞍部に着く。ここから聖岳山頂まで標高差500mの登りは、高山裏の坂道ほどではないが数字以上に楽ではなかった。2時間をかけて聖岳山頂に着く。そこは南アルプスの3000m級山岳地帯の南端であり、富士山を除く本邦3000m級山巓を締めくくる山奉行の座であった。

　聖岳の山頂は南の聖平から登ってきた登山者たちで賑わっていた。晴天下に眺望は申し分なく、近くに富士山が三角の頭を雲上に突き出して睨みをきかせている。時間に余裕があったので、山頂から東へ水平尾根をたどって奥聖岳を往復した。あとは聖平へ下るだけである。

8月10日（金）　快晴
コースとタイム：聖平小屋5:30－聖岳への椹島登山口8:50－椹島

　聖平から椹島まで、はじめは聖沢の源流に沿った緩やかな道だが、その流れを右岸へ渡ると標高差1000mの険しい下り坂となる。途中で対岸に落差の大きな聖沢大滝の懸瀑を見て、ようやく聖沢の流れに降り立った。吊り橋を渡って5日間の長い山旅を終える。

6章　中央アルプスと南アルプスの百名山

86　光岳（2592m）

　南アルプス南部にある3000m級五岳と比べて、それより南にある山巓は標高が低くなり、容易に登れそうに思われがちだが、どっこい、そこは山が深くて道程が長くなり、山道は薄くなって登山者も少ないから山小舎は稀である。だが、南アルプスが好きな人はそこが魅力だと言う。光岳はその境目に位置する山である。

2001年8月2日（木）〜8月5日（日）　単独行。

8月2日（木）
　前日に飯田から秋葉街道を通って易老渡に入りテントを張る。翌朝、テントを置いて易老渡を出発し、遠山川を溯って便が島を経由し西ノ沢を渡渉した。すぐに尾根の登りがはじまり、聖岳南面の薊畑まで急坂が続いた。途中でゆっくり休める場所もない急な坂道の連続であったから、この標高差1500mはトレーニング不足の脚には十分すぎた。血行促進スプレーを噴霧してマッサージを繰り返しながら、ようやく稜線上の薊畑に辿りつく。夜は村営聖平小屋に泊まったが、三度目の訪問となったその夜も飯は相変わらずまずくて寝具は湿っていた。

8月3日（金）
　早朝、暗いうちに小屋を出て灯火を頼りに聖岳を往復す

日の出前、聖岳南稜から富士山を見る（2001年8月）

る。灯火に照らされて暗がりから霧氷のように浮かび上がったコメツガの枝葉が、例えようもなく神秘的に輝いて見える時間帯であった。前聖岳に着く頃から夜が明け始めて、頂上へ着くと同時に富士山の左肩からご来光を迎える。山頂にしばらく留まったあと、小屋に戻って荷をまとめ、南西に向かって出発した。南岳を過ぎて二重山稜の上河内岳山頂を踏み、小ピークをいくつか越えて横窪沢のコルに着く。そこに今宵の宿、茶臼小屋が待っていた。

8月4日（土）

　夜明け前に小屋を出て縦走路に戻る。茶臼岳のピークを越えて西へ進むと稜線にはコメツガの樹と池塘が多くなった。仁田岳分岐点の喜望峰を過ぎると道は下り気味となり、小屋を出て3時間後に易老岳へ着いた。そこは明日下山する予定の道が分かれるところ、すなわち易老渡からの

登山道が合流する地点であった。さらに先へ進むと岩塊が転がる暗い窪みに入ったが、そこを抜けて開けた高原になる。やがて光岳小屋が見えてきた。こぢんまりした造りだが素朴でほっこりする新しい小屋である。

扉を開けて中に入ると壁に宿泊者の遵守事項が貼られていた。①3時までに到着する、②宿泊は20名まで、③3名以上の客は素泊まりとする。つまり小屋が食事を提供できるのは2名のグループまで、それも早めに申し出ること。3名以上の客は自炊かテント泊まり。併せてバイオトイレの使用法が細かく書かれてあった。なるほどごもっとも、と納得して宿泊名簿に記名する。

時間に余裕があったから光岳山頂を往復した。山頂に近い西北斜面には山名由来の岩があって陽が当たると白く輝くらしい。興味を抱いて探してみたが発見できず、訊ねる人影もなかった。

8月5日（日）

昨日来た道を易老岳の分岐点まで戻って左折すると、直ちに急傾斜の下山路に変わった。木の根が岩に絡んだ細くて急な下り坂に驚く。ときには岩にしがみつき、あるいは大腿部をこすりながら木の根を跨いで下る急坂に緊張したが気丈に下り続けた。ようやく遠山川の流れに下りついて周囲を見回すと、そこは三日前に出発した易老渡の車止め近くであった。

谷水で身を清めて一休みする。大仕事を終えたあとの解放感は、虚空でありながら満たされた時空でもあった。

ひと休み（13）
深田久弥の先見性と大衆登山の限界

　数多ある日本の山の中から百の山を選んで紹介した深田久弥の先見性に感服します。作家としての筆力に加えて登山家としての情熱を注いだ彼の著作は、都市生活のストレスから人々を解放し、山歩きを通して個人から集団まで健全な心身をつくる活動を広げました。しかし、それから半世紀が経ち、登山の大衆化は自然環境問題に抵触するほど広がりを見せています。山登りは有限な自然環境の中での行動ですから、登山の大衆化にも一定の限界が必要になってきました。今後、百名山等へ登る人は、登山の大衆化によって生じる問題の責任と解決策を、背中のリュックとともに背負わなければなりません。仲間が増えて活動がひろがれば当然でしょう。

　私が百名山という概念の存在を知ったのは、大学を出てから登山の大衆化とビジネス化の拡大に懸念を持ちはじめた頃でした。当時の日本は戦後の民主主義と自由経済の拡大にうつつを抜かし、自然環境を犠牲にした列島改造で手にした経済発展の勢いに、科学と文化が正しく追従できていないときでしたから。私もまた山歩きを"健康な心身を作るための自発的な体育活動"程度にしか思っていませんでした。ところがその陰ではすでに、地球環境への先見性を欠いた経済活動が私たちを蝕んでいたのです。

Part 4　歴史を旅する安らぎの山

7章　北陸と近畿の百名山
山番号　87〜91

87　白山（2702m）

　白山(はくさん)は、単一の山体として屈指の規模をもつ山である。その名のように、晩秋から初夏までの半年以上も白く輝き続けるこの山は、周りの山から抜きん出ている。また、晴れた日の夕暮れに槍・穂高や笠ヶ岳から西の空を見遣るとき、茜色の雲海に浮かび上がる白山の姿を見て思わず両手を合わせた登山者も少なからずおられるであろう。

　白山は登らなくても周りの山から眺めるだけでよい。その位置する石川・岐阜の県境からはもちろんだが、福井や富山の県境尾根から遠望しても素晴らしい。私はこの山を想うとき、加越国境の山々をこよなく愛しながらも急逝された福井大学の毛海敬さんを偲ぶ、加越国境の山を共に歩いた思い出とともに（登山2回）。

①1984年9月23日（日）　快晴のち曇、単独行。
　前夜は登山口の別当谷出合で車中泊する。
コースとタイム：別当谷出合5:55－甚之助ヒュッテ－黒ボコ岩－室堂9:15－御前峰－大汝峰－御手洗鉢－清浄ヶ原－小桜平13:25－（休憩数回）－工事用林道16:05－新岩間温泉16:25 タクシーを呼んで別当谷出合へ戻る

天候に恵まれて白山を南から北へ1日で歩き抜けたこの山旅は、歩行時間が10時間を超える強行軍となった。早朝に別当谷出合を出て砂防林道を横切りながら登る。南竜ヶ馬場（みなみりゅうがばんば）との分岐点を過ぎると傾斜は強まり、森林限界を越えると黒ボコ岩から上は歩きやすくなった。すでに季節は秋も半ば、過ぎゆくのは夏の賑わいだけではなかった。草本や灌木もまた命を引継ぐために冬ごもりの準備に忙しいなかを、弥陀ヶ原を越えて室堂まで3時間20分の登りであった。

　室堂から主峰の御前峰まで這松の間の石ころ道を登る。疲れが出はじめた脚は単調な登りのあいだ錘（おもり）のように感じられたが、ようやく御前峰の山頂に着いた。時間に急かされていたのか、登頂時の感激は薄くしか残っておらず残念である。やはり山はゆっくり登って楽しむものであろう。

　短く休憩したあと腰を上げて北西の翠が池めがけ砂混じりの急坂を下る。池畔から大汝峰（おおなんじみね）へ登りなおして北の方角へ下り、秋色を深める植生に覆われた尾根の上を新岩間温泉目指して下りつづけた。七倉山分岐点からあとは迷わぬよう慎重に地図を読んで標識の正誤を確かめながら進む。小桜平を過ぎて針葉樹林帯に入り尾根道は続いた。ぐずりはじめた身体に喝を入れる頃ようやく林道に出る。新岩間温泉は近かった。

　だが、残念なことに最終バスは出たあとだった。別当谷出合へ戻るためにはタクシーを呼ぶしかない。温泉から呼んでもらった車と交渉して別当谷へ戻ったとき、あたり一面暗闇であった。

②2014年7月27日（日）、28日（月）　シュレーダー父子と3人行。

7月27日（日）　雨から曇
　ドイツから帰省していたマークとカイのシュレーダー父子が夏山へ行かないかと誘ってきた。父子とはこれまで秋のMt.ワシントンへ、父親のマークとはドロミテへ登ったことがあったから、私は年齢を忘れて勇みたち、30年ぶりに白山へ登ることになった。山はちょうど夏山のハイシーズンと重なって混み合っており、別当谷出合から登る人たちの歩みは遅かった。そこで当初の予定を変更して、登頂後は南竜ヶ馬場へ回って泊まる予定だったのを室堂泊に変更した。しかし室堂も混雑していた。盛夏の高山植物や雪渓のように、登山者もまた夏山を彩る山の花であると自分に言い聞かせる私たちであった。

7月28日（月）　晴
　二日目の朝、御前峰へ登り日本海から御嶽山まで広がる展望を満喫した。そのあと翠が池へ下って御前峰の裾野を反時計廻りに歩き室堂に戻った。下山路は南竜ヶ馬場への道を選ぶ。幸いこの道に人影は少なく、花と雪渓の白さを楽しむ高原歩きとなった。晴れた夏空の下、10歳になったばかりの少年が雪渓とお花畑の脇をとび跳ねるように歩く姿を眺めながら、少年の父と一人の年老いた男は眩しそうに空を見上げていた。

7章 北陸と近畿の百名山

御前峰に立つ父と子（2014年7月）

88 荒島岳（1523m）

　日本百名山の著者である深田久弥が荒島岳を百名山の一つに選んだ理由は明快である。同氏の故郷である福井県大野市の山であるからだ。私が彼なら上田・塩田盆地を囲む山から烏帽子岳を選ぶように、荒島岳を選んだのは百名山の名を借りた深田氏の心の里帰りだったのであろう。

1998年9月27日（日）　霧雨のち高曇、単独行。
　前日に金沢大学で開かれた学会支部の講演会を済ませたあと、荒島岳へ登るために福井県の大野市に来て泊まる。
コースとタイム：JR勝原7:00－登山口－第2リフト乗り場－しゃくなげ平9:30－荒島岳山頂10:20～30－しゃくなげ平－登山口13:10

大野から荒島岳登山口のある勝原駅までJRに乗る。駅を降りて東へ国道沿いに歩いてゆくと、スキーリフトの乗り場の脇に登山口の標識が立っていた。そこからゲレンデを抜けて山道に入り、15分ほどして道は右折しスキー場の右上に見えている第2リフトの乗り場へと続いた。そこを過ぎてブナ林に入り急坂を登ったところがしゃくなげ平、さらに稜線伝いに登ると開けた峠に出た。峠から荒島岳が見える。頂上まではもう一頑張りだが、この年の台風7号の風害で山道には倒木が多くて歩きにくい。

　峠から左へ稜線に沿って登ると樹林帯が切れて、測候施設が置かれている荒島岳山頂に着いた。曇っていたが展望は良く、白山から別山さらに能郷白山から木曽御嶽までが展望できる。西の盆地に広がって見えるのは大野市であろう。ガイドブックには荒島岳南の荒島谷には滝があると書かれてあったが、山頂からは見ることができない。

　下山には大野市へ下る道も考えたが、結局、登路と同じ勝原への道をとって下がる。ブナの林はすでに黄色く色づき始めていた。

89　伊吹山（1377m）

　京都市内から伊吹山(いぶきやま)登山口の三宮神社まで車で1時間半、またはJRとバスなら2時間ほどで行ける。伊吹山は独立峰だが火山ではない。海底から隆起した石灰岩ででき

た古い山である。そのためか山には森が少なく、代わって貴重な山野草と薬草が自生する草原が広がっている。また石灰岩地固有の希少なカタツムリが棲息しているように、その生物特異性は西日本でも屈指であると聞かされてきた。近江と美濃の地から特異的に展望できるこの山は古くから山岳崇拝の地にもなっていて、山頂には日本武尊を祀る伊吹山神社が置かれている。

　近年の地球温暖化で少なくなったとはいえ、伊吹山はしばらく前まで月山と並ぶ多雪の山であった。冬はスキーヤー、春は標高差1200mの登りと残雪を楽しむハイカーで賑わいを見せる。昭和40年に関ケ原から山頂下までドライブウエーが開通して、夏はサンダル履きの遊山者を山頂で見かけるが、それでも南麓の三宮神社から登る人は絶えることがなく、春と秋の休日には家族連れの登山者が列をなすほど賑わう健康的な山である（登山5回）。

2002年5月2日（木）　晴ときどき曇、単独行。
コースとタイム：上野三宮神社（1合目登山口）8:00－伊吹山頂11:10～11:30－三宮神社13:20

　はじめは"スキーシーズンが過ぎた伊吹山麓に吹く風は爽やかであった"と書きはじめるつもりであったが、予想に反して、連休の山道は色とりどりのシャツを着た老若男女で賑わいを見せていた。スキー場の5合目を過ぎたあたりから傾斜が強まりジグザグ道となる。9合目の山頂台地の西肩まで登ると随所に残雪が見られた。広場のような山

頂には伊吹山神社のほかに休憩小屋が数軒建っている。この日は山頂付近に雲がかかり、あいにく展望はよくなかったが、下山時は雲が切れて関ケ原の西に広がる田畑が見下ろせた。長方形に区画整理されたビニルハウス群が描きだす人工的幾何学模様は、プラスチックシートで覆われた大地である。使用後のシートは回収されてもリサイクルされなければ、海洋プラスチックゴミによる環境負荷と比べてどれだけ有意の差があるのか、心配になった。

　この三宮神社登山道は整備された登りやすい登山道であり、下山時にはつい飛ばしすぎてしまうから注意が必要だ。私もこの日は勢いよく下山したのでへたり込んでしまったが、三宮神社の境内には同じように脚筋をマッサージする下山者の姿がチラホラ見られた。この登山道は2023年夏の豪雨でかなり損傷を受けたらしく気がかりである。

<u>90</u>　大台ヶ原（日出ヶ岳1695.1m）

　京大WV部へ昭和32年に入部していきなり参加したのが大台ヶ原・大杉谷へのワンデリングであり、それは新入部員を対象にした企画であった。大台ヶ原・大杉谷は山歩きの入門道場として知られた近畿の山である。この紀行記録は私の手元に残っていなかったがガリ版刷りの部誌にはあった。それをもとに私の記憶を加えて記してみよう（登山2回）。

1957年7月7日（日）〜9日（火）　7日　雨のち曇、8日　曇のち晴、9日　晴のち曇　WV部活動の一環として（テント携行）。相良、木原、田口、芦田、松本と同行。

　昭和32年（1957年）の大台ヶ原にドライブウエーはまだなかった。新入部員の一行は、大台ヶ原から北へ流れる吉野川上流の入之波、筏場まで奈良交通のボンネットバスで入り、そこから先輩部員に先導されて、本沢川沿いに台高山脈と大台ヶ原を結ぶ峠の大台辻へ向かう。一行はさらにこの峠から南へ登って大台教会の建つ台地に到着した。平地に枯れ枝と落ち葉を集め、その上に米軍放出の綿製グラウンドシートを拡げてテントを張る。羽毛が突き出た寝袋（これも米軍放出品だが、学生たちは sleeping bag とは言わずに習いたてのドイツ語で Schlafsack と呼んでいた）の中へ汗にまみれたからだをすべり込ませた。経歴不詳の中古品寝袋ではあっても、装備品が手に入るだけで幸運な当時の学生事情であった。大学では軽くて丈夫な夢の合成繊維ビニロンの発明者・桜田一郎教授の講義を聴き、他方では、すでに製品化されていたビニロン製テントを欲しくても買えない WV の活動であった。

　"必要は発明の母"を地でゆくように、部員は山行き衣服に高校時代の学生服や普段着を縫い直したり、裁断改造して再生利用していた。金額のかさむキスリングとキャラバンシューズ代金はアルバイトで稼ぎ、短期間の山行きであれば安価な地下足袋を履いて参加した。5泊6日程度の北アルプス遠征経費は食糧と交通費を合わせて2千円ほどであり、不足分は質屋の暖簾をくぐって補う者もいた。

話をもとに戻そう。大台ヶ原の2日目はテント場から千石ヶ原を経て大蛇嵓へ回る。東ノ川の幽谷を覗きこんで目をくらませたあと主峰の日出ヶ岳に登った。好天だったが新人たちは歩くのに懸命で、一面に咲くシロヤシオの群落を愛でる余裕もなかった。後日、先輩が撮ってくれた白黒写真を見ながら記憶に残る色彩を重ねるのであった。

　さて、日出ヶ岳からは長い坂を下って滔々と水を落とす堂倉滝の懸かる大杉谷出合に着く。ここから下流が大杉谷の核心部であり、滑滝や懸瀑がいたるところに懸かっていた。光滝、七ッ釜滝、そして桃の木小屋を過ぎて丸太を組んだ梯子の上り下りを繰り返し、さらに滝をいくつか過ぎてようやく千尋滝に着いた。落差と滝幅のある見事な斜瀑である。途中で梯子の横木と間違え蛇を掴んだツワモノがいたが蛇も間抜けなやつだ。毒蛇でなくて幸いであった。

　落差のある千尋滝の展望台から対岸へ吊り橋で渡り、滝の横につけられた急坂を登って営林小屋に着く。荷を置いて靴を脱いだ数名が声を上げた。山蛭が足首に取りついて吸血中だったのだ。命に別状ないがそれに気づかぬほど大杉谷の歩行は過酷であった。蛇足ながら、山蛭を剥がすにはタバコの火を押し付けるのが効果的であったが、禁煙時代の今ならどうするのか？

　翌朝、一行は千尋峠を越えてインクラインを下り、熊野海岸に近い国鉄船津駅を目指した。

91　大峰山：山上ヶ岳（1719m）、八経ヶ岳（1915m）

　UNESCO世界文化遺産に登録された熊野古道のなかでも大峰山の奥駈け道は際立った存在である。それは、この道がほかの古道に比べて踏破に長い日数を要する難路であるからだ。空海が拓いたとされる真言密教修験道の山道は、役行者が鬼と呼ばれた従者5人の力を得て切り拓いたと伝えられている。ちなみに、その鬼の一人、五鬼助家の家系は現在も寝屋川市にご健在であり、奥駈け道の中継地である秘境、前鬼で宿坊（上仲坊）を維持しておられる。

　私が歩いた広義の奥駈け道は、まずは吉野山を起点とする前駈け道から始まり山上ヶ岳に至る。ここから奥駈け道と名を変え大普賢岳、弥山、八経ヶ岳（最高峰）、釈迦岳を通り前鬼まで南下する。さらに奥駈け道は続き（南駈け道とも呼ばれる）、玉置神社が置かれた玉置山を越えて大峰山脈の南端にあたる七越峰に至り十津川を渡る。これでようやく熊野本宮に達して修行を修めたものとして満願成就するのだが、修験道では途中に75か所もの靡と呼ばれる行場を巡拝しなければならないから、かなりの難行である。ちなみに、大峰山修験道は京都にある本山修験宗の聖護院門跡が務めていると聞く。また、正統の奥駈け道は、熊野本宮を出発点とするが、私はその道順を逆にたどった。

　この南駈け道をさらに延伸して定義する人もいるようだ。それは熊野本宮で中辺路と合流したあと南に向かい、小雲取越、大雲取越の古道を辿って那智の滝が懸かる青岸

渡寺と補陀洛寺を経由して新宮市の速玉大社を目指すものらしい。ただしこの定義は修験道にはないようである。

　山上ヶ岳は、この長大な奥駈け道の脊骨にあたる大峰山脈の首根に位置する。この山が百名山に選ばれた理由は、修験道の中心道場である大峰山寺が山頂に置かれているからであろう。大峰山脈には山上ヶ岳より標高の高い山（最高峰の八経ヶ岳は百名山）がいくつかあるから、高さだけなら百名山に選ばれる理由にならない。深田久弥はそれらすべてを考慮して、世界遺産の概念がまだ日本になかった時代に標記の二山を百名山に選んだ。山とともに育てられた宗教的、民族的価値観を文化遺産として認識したのは同氏の見識であろう。

　私は晩年になって学生時代に歩いた奥駈け道の前と後ろを延ばそうと思い立ち、吉野山から熊野本宮までを歩いたあと、青岸渡寺を経て潮岬まで脚を延ばす（登山3回）。

①1958年5月15日（木）〜18日（日）　京大WV活動。山上ヶ岳から八経ヶ岳を経て前鬼までの奥駈け道を歩く。

②2000年5月3日（水）、4日（木）　奥雄介君と二人で吉野山の吉野神社から山上ヶ岳までの前駈け道を歩き、そのあと稲村ヶ岳と観音峰まで足を延ばす。

③2005年4月14日（木）〜17日（日）　単独行。前鬼から太古の辻、平治宿、玉置山、七越峰を経て熊野本宮までの奥駈け道（南駈け道）を歩く。

ひと休み（14）
山と地球の環境は人々に警告を発している

　山をはじめとして自然環境は予見できない事象に満ちた手ごわい相手であり、その事象は地球という惑星が作り出す不可避な出来事です。でも、手ごわさとは人が感じるもの、人が作り出すものですから、避けることができます。いま、人々にとってかけがえのない地球環境が人為的な行為によって相当傷ついていることは真実であり、この危機は人々の手でしか修復できず、また乗り切れません。

　間違えてはならないのは、修復すべき対象は自然界ではなく私たち人間の生き方にあることです。地球と生態系には失礼な言葉かもしれませんが、人々が生きてはじめて存在する意義が生じる地球ですから、地球環境を傷つけることは人類の自傷行為どころか自殺行為になります。すなわち、"地球環境は巨大、だから地球を少しぐらい傷つけても大丈夫" と言い逃れができないほど科学技術と経済の規模は拡大して、その功罪を人類が共有するようになりました。地球を傷つけることで家族や友を陥れることになれば、その社会は存続する価値がありません。直ちに改めるべきであり、さもなければ滅びるでしょう。ところがどうでしょうか、人々はこれまで地球環境から受けてきた、また今後も受けなければならない恩恵に対して、感謝していると言えるでしょうか。恩恵の大きさに気づくどころか、酷く傷つけて搾取してきたことを忘れてはいませんか？

8章　中国、四国、九州の百名山
山番号　92～100

92　大山（1729m）

"大山"の名を持った山は伯耆大山(ほうきだいせん)のほかに神奈川県伊勢原市の大山が知られているが、単純な山名にもかかわらずその数は意外に少ない。それに後者は「おおやま」と読むから「だいせん」は伯耆大山だけである。伯耆大山は鳥海山と同じく日本海から立ち上がったコニーデ型火山で山麓にはスキー場と酪農地帯が広がり、私はそこで搾られた牛乳を60年以上も愛飲している（登山2回）。

1960年（昭和35年）の夏、大学同期のWV仲間だった徳永正晴君と登る。彼はそのあと北海道大学教授になったが、在学中に彼のご尊父が某全国紙の鳥取支局長だったので大山山麓へ呼んでくださった。西麓の桝水高原からの登山道を登って弥山を往復したが、急坂続きのあの道はまだ残っているだろうか。山頂付近の崩壊が進んでいると聞くたびに気にかかる。

1991年7月26日（金）は大学研究室の仲間20名と集団登山した。この年、研究室の夏季合宿は大山寺町で開かれ、学生の作ったプログラムに登山という項目があった。合宿所を出てから北山麓にある大山神社の境内を抜けて急坂の元谷道を登る。この頃すでに弥山（1709m）とその先の剣

ヶ峰（1729m）の間の稜線は崩壊が進んで通過が危険であったから、通行禁止になっていた。登山経験がない学生もいた私たちのグループはあえてその危険を冒さないことにした。下山路は元谷コースを通らずに6合目から大山寺集落へ下りたが、暑い夏の一日であった。

93　剣山（1995m）

　越中富山の剱岳が悪鬼の住む山として怖れられる岩山なら、阿波徳島の剣山(つるぎさん)はさしずめ神仏が住まわれる笹原の平穏な高原であろう。蝙蝠(こうもり)が翼を広げた姿の四国、その東翼の中央に剣山がある。山名を知ってはいたが、瀬戸内海に三つの大橋が架かるまで私は四国に渡ったことのない本州陸封型の人間であった。大鳴門橋が完成して初めて登った四国の山は石鎚山、小学生の息子と一緒に登ったその12年後に、この蝙蝠島の最高峰である剣山へ友人の植栗夫妻と登る。

2002年5月3日（金）　曇のち雨風。植栗夫妻と3人行。
コースとタイム：見之越リフト駅10:40－剣山山頂12:10～13:00－見之越リフト駅へ下山14:10

　早朝に京都を発ち、明石で植栗夫妻（「7　十勝岳」参照）と合流して淡路島を経由し剣山登山口のある見ノ越リフト駅に着いた。あいにくの雨模様だったがリフトには乗

らずにその横の登山道を登る。リフト終点の西島駅から上部は稜線の道となり、森林帯を抜け笹原に入って山頂の小屋に着いた。5月の大型連休とあって小屋は雨と寒さを逃れた多くの登山者で混んでいる。木製の広い舞台が設置された山頂に立つと、雲の切れ間から南西の方向に笹尾根が姿を見せた。晴れていれば東西に延びた四国山脈への展望がひらけるはずであったが、山は雲の中にあり黙して語らなかった。

下山には剣山の北西面を下る道を選ぶ。大剣神社に立ち寄り御神水をいただいたあと見ノ越に戻った私たちは、一般観光客に紛れて祖谷(いや)のかずら橋に立ち寄った。

94　石鎚山（1974m）

石鎚山頂は二つの岩峰からなる。石鎚神社の奥宮を祀る弥山（1974m）とその東にある天狗岳（1982m）であり、どちらも西日本有数の岩峰として多くの登山者を惹き寄せる。この二峰をつなぐ岩尾根は、弥山の登山路に架かる三つの鎖場に比べて一般登山者には危険であると思われたから、私たち親子は弥山より先の尾根には立ち入らなかった。多くの登山者もまた弥山から天狗岳を遥拝することで登頂に代えていた。ちなみに、後日、秩父の両神山（65節）を訪れたときに、なぜか私は石鎚山を思い出していた。

1990年5月連休　快晴、奥雄介君と二人行。

8章 中国、四国、九州の百名山

石鎚山の北面（1990年5月）

　愛媛県の西条市まではJR、そこからバスで登山口の石鎚ロープ駅に着く。ロープウエーで一気に成就院まで高度を稼いだあと尾根道を歩き始めた。手入れの行き届いた山道を歩いて2時間、前社ヶ森のこぶを一つ越えたところが夜明け峠であり、ここから本格的な登山道となる。一の鎖、二の鎖、頂上に近い三の鎖と修行の鎖場が続き、それぞれの鎖場には迂回路があったが、中学生の息子は鎖場に挑戦した。彼は二の鎖で固まりかけたが励まされて登りきり、二人そろって弥山の頂に立った。

　山頂には奥ノ宮が祀られており、狭い石畳の上は登山者で賑わっていた。早朝に夜明け峠から山頂を仰ぎ見たとき、山桜が咲いたように霞がかって見えたが、近づいてみるとそれは昨夜の冷え込みで結氷した霧氷であった。陽が昇るにつれて霧氷が溶けて登山者の肩に降りかかる、まるで絵に描かれたような夢幻の光景がそこにはあった。

弥山の東にオーバーハング気味の岩壁を北側に傾けた天狗岳が聳えている。弥山より8m高いだけだが石鎚山の最高峰であり、登山の初心者を尻込みさせるのに十分な形相を見せていた。私たちも多くの登山者と同じように登るのを遠慮して弥山から遥拝した。

　下山にかかる。二の鎖まで下がって傾斜の強い岩壁下の細道を注意深く通り抜け東の土小屋に向かった。1時間と少しで土小屋の建つ鞍部に着く。周囲をブナの美林に囲まれた開放感のある無人小屋に魅せられて、私はフィルム式の簡易カメラでブナ林を撮りまくった。

　しばらく土小屋周辺に滞在してから北の斜面を下がる。あちこち花茎を立てて咲くショウジョウバカマを踏まないように気遣いながらタラの芽を摘み、静かな山道をバス停留所へと歩む子と父の二人連れであった。

95　九重山（久住山：1787m）

　登山の前日に某学会の創立50周年記念総会が熊本で開かれた。関連学会の会長代理として祝辞を述べたその帰途に、私は九重山（くじゅうさん）の牧ノ戸峠へ向かう。この峠を含めて九重山の山域では樹木を見ることが稀だが、それはこの一帯の火山活動がまだ盛んであるからだ。ミヤマキリシマの見物客で賑わう春とは違って晩秋の九重山は静かな空気に包まれていた。

8章 中国、四国、九州の百名山

2001年11月25日（日） 晴、風強し、単独行。
コースとタイム：牧ノ戸峠9:07－久住山－中岳－天狗ヶ城－（久住分かれ、北千里浜、すがの守越え）－牧ノ戸峠13:45－（筋湯温泉、九重茶屋分岐を経由）－熊本駅

　快晴の牧ノ戸峠から九住山まで路傍には昨夜の冷え込みで霜柱が立っていた。沓掛山を越えると固い路面の簡易舗装は終わり歩きやすい山道に変わった。

　カルデラの一角をなす西千里ヶ浜を過ぎて久住分かれに至ると主峰の久住山が近づき、その山頂には登山者の影がチラホラ見える。私は頂稜の左から回り込むように登って山頂に達した。見渡せばこの山が九重山と呼ばれることに合点がゆく。久住山（標高1787m）のほかに8つの火口丘が数えられるからだ。指呼の距離にあるのが最高峰の中岳（標高1791m）、ほかにも1700m級の火口丘が7つ、合わせて9山あり、なかでも山麓から際立って見えるのが久住山である。

　山頂から東斜面を下って池の小屋から最高峰の中岳に登る。ここから眺める久住山はことのほか姿がよく、九重山カルデラの全体が俯瞰できる特別な展望台であった。

　中岳から西に下がる。天狗ヶ城を右に見て御池を半周すると再び久住分かれに戻った。しかし私はなぜかここから素直に往路を戻る気にはなれなかった。北の方角には赤茶色の硫黄山が白い噴気を上げ、その右に北千里ヶ浜の草原が広がっているからだ。足は自然とその方向に向かう。とはいえ法華院温泉まで足を延ばす時間はなかったから、硫
ほっけいん

黄山の噴気音を背にして私はスガノ守越を西へ越えた。
　牧ノ戸峠からの帰りに筋湯温泉へ立ち寄る。そこは打たせ湯の湯口が並ぶ山の湯であった。

96　祖母山（1756m）

　九州中央部を東西に分ける山稜、すなわち熊本県と大分県、熊本県と宮崎県の県境近くには標高1500mを越す山がいくつかある。祖母山、傾山、障子岳、国見岳などである。祖母山はそのなかの最高峰だから百名山に選ばれたのであろうと思っているが、登ってわかったことは、久住山や阿蘇山などの活火山とは違い、祖母山は深い森と苔むした岩に覆われる古くて味わい深い山であった。私はこの山の品格を開発の手から守りたいと思う。

2002年11月22日（金）　晴、単独行（「97　阿蘇山」から続く）。
　前日に阿蘇山から祖母山の北登山口がある大分県の竹田市まで移動した。そこは土井晩翠作詩の「荒城の月」を作曲した滝廉太郎の故郷として知られる町である。町の西はずれにある神原に宿をとり、翌朝登山口へ向かった。
コースとタイム：神原登山口7:35－5合目小屋－国観峠－祖母山頂上10:40～11:30－神原登山口へ下山13:30

　神原を登山口に選んだのは阿蘇山麓からの移動時間が短

晩秋の陽光に包まれた祖母山頂（2002年11月）

いからであった。百名山ガイドブックには東の尾平口から登る道が紹介されていたが、私は祖母山へ登ったあと霧島連峰へ移動する予定であったから、尾平口から登ると行動時間が長くなるので諦めた。

　結果的にこの選択は正解であった。神原口登山道は厳しい道だったが登山者が少なく、深山に鹿の鳴く声を聴くほど静かであった。登山口から2時間半で国観峠に着く。その先に見える祖母山頂までは広い尾根の林間を歩いた。昨夜の冷え込みで道を濡らす流水が凍結して滑りやすかったが、林が途切れると石祠の置かれた山頂に着いた。小春日和の山頂は日差しにあふれ、遮るものも登山者の姿もなく展望を独り占めにする。南の方角には平らな山頂を傾けた傾山が見えている。

　下山は往路と同じ道を下がった。竹田市内に戻って花水木温泉で汗を流し、熊本を経由して霧島に向かう。

(「98 霧島連峰」へ続く)

97 阿蘇山 (1592m)

　世界的に知られた巨大な阿蘇のカルデラ、その中央火口丘群が現在の阿蘇山(あそさん)である。火口丘はいくつかのピークからなり、最高峰は高岳 (1592m)、現在活動中の火口があるのは中岳 (1506m) である。日本最大のカルデラは北海道の屈斜路湖だが、小学生の頃にそれは阿蘇山であると教えられた記憶がある。どちらにせよ阿蘇山系が桁違いに大きなカルデラであることに間違いはない。

　阿蘇山へ登る目的が中岳火口の見物であれば中岳駐車場から登るのがよく、高岳へ登るのであれば火口丘の北側にある仙酔峡から歩いて登るのがよい。秋になると日が傾き、仙酔峡からの道は高岳の日陰に入って写真撮影に適さなくなるが、逆光ならかえって火山の異形が際立ち、玄人好みの作品が撮れるかもしれない。

2002年11月21日 (木)　曇ときどき霧雨、単独行。
　九州には百名山が6座ある。そのなかでまだ訪れていなかった阿蘇、祖母、霧島の3山に登る計画をたてて大阪から熊本空港へ飛んだ。仙酔峡へ向かう。
コースとタイム：仙酔尾根登山口11：00－(溶岩礫の路)－高岳山頂 (1592m) 13：10－中岳 (1506m) －仙酔峡登山口15：10

8章 中国、四国、九州の百名山

　仙酔峡から高岳までの登山道は溶岩と火山礫の間を縫って登る急坂であった。登るにつれて色とりどりの噴出物が層状に堆積した山襞(やまひだ)が迫ってくる。植生のない荒涼とした光景の中で、暗くて異様な横縞模様が描かれた壁画のような断崖は威圧的であった。1967年の夏、米国ミシガン州の勤務先大学から夏期休暇をとり、カナダ・ヨーホ国立公園の無名ピークへ地下足袋を履いて登ったときに見た荒涼たる風景が記憶に甦る。さて、稜線に出た私は右手西の方角に進んで最高峰の高岳山頂に達した。岩陰には数日前に降ったらしい雪が残っていた。

　空からはヘリの音、下からは救急車のサイレンとスピーカーの声が聞こえてきた。少し驚いたがどうやら今日は噴火に備えた救助訓練の日らしい。軽い食事を済ませたあと私は西へ下って登りなおし、中岳の山頂に着いた。この山

中岳から火口を下に見る（2002年11月）

頂は阿蘇山を西の駐車場から見上げたときに巨大な火口を越えた先に見えるから、最高峰かと見誤るところである。しばしば噴火警報が出される火口だがこの日は穏やかであった。駐車場には車が数台止まっている。

　火口に向かって北へ5分ほど下ると火口内の噴気孔が見える場所があった。さらに下がるとリフト終点があり、そこから鉄塔沿いに下がったところが仙酔峡であった。一休みしたあと竹田市へ向かう。明日は祖母山へ登る予定である。

（「96　祖母山」に続く）

98　霧島連峰（最高峰：韓国岳1700m、高千穂峰1574m）

　天孫降臨の地と言い伝えられる高千穂峰は、霧島連峰の東端に位置する円錐形の火山であり、古事記には"くしふる岳"と記されている。一方、連峰の西端に構える最高峰の韓国岳(からくに)は、どうやら高千穂峰と並んで山頂から朝鮮半島が見えるところらしい。

　霧島連峰を訪れたら高千穂峰へ登ることを勧めたい。還暦祝いに富士山へ登るのもよいが、古事記の国造り伝説を読んで天孫降臨説に想いを広げながら高千穂峰へ登るのもよい。

2002年11月23日（土）　曇のち晴、単独行（「96　祖母山」から続く）。

8章　中国、四国、九州の百名山

コースとタイム：大浪池駐車場8:25－大浪池展望台－韓国岳10:25－獅子戸岳－（新燃岳山頂経由）－中岳－高千穂河原（神社前広場）13:55－高千穂峰山頂15:50－高千穂河原

　韓国岳登山口のある大浪池から歩きはじめた。登山標識に従って迷うことなく一気に大浪池まで登る。豊かに水を湛えたこの火口湖を韓国岳に向かって時計回りに半周したあと、山腹に組み込まれた階段を一直線に登って霧島連峰の最高峰、韓国岳の火口縁に立った。これから縦走する予定の高千穂峰までうねりながら続く山波が眺められる。

　靴紐を締め直して縦走への一歩を踏みだした。韓国岳火口から東斜面の標高差400mを一気に下り、起伏する溶岩原を横切って新燃岳火口の登り口に着く。2011年の噴火のあと新燃岳は登山禁止になったと聞いたが、私が登ったのはその9年前であった。新燃岳の火口湖はエメラルド色の水を湛え、火口の内壁は不気味な色の横縞模様を描いている。その火口縁に沿って登ってゆくと新燃岳（1421m）の標柱が立つ山頂に着いた。

　火山活動中の火口に長居は無用であったから、そそくさと山頂を離れて南東方角へ草付きの斜面を下る。二、三の起伏を越えて高千穂河原に着くと山麓の霧島神社からここまでの車道があり、登山者より多い数の観光客がいた。さあ、私はこれから高千穂峰へ登るのだ、と気合を入れて大腿部にスプレーを噴きかけ登山を開始した。

　ジグザグに折れ曲がる火山灰の道を登ってゆく。この砂道には多くの登山者が手古摺っていた。脚に痙攣を起こし

お鉢から見上げた高千穂峰（2002年11月）

て倒れ込んでいる者が何人かいたので、私のスプレーを差し出して励ました。御鉢の名がついた古い火口の縁で一休みしたが山頂はまだまだ先である。ようやく高千穂峰の山頂に到達した。そこには大きな社が置かれており、天の逆鉾に加えて賑々しい神具武具が数多く立ち並んでいる。神社の原風景とはこのような場所のことであろうかと思われる晴れやかな地であった。しばらく山頂にとどまり休憩する。下りは快適な砂走り道であった。

　幼いころに天孫降臨の地は高千穂の峰であると読み聞かされてきたのは、私たちがしんがりの世代かもしれない。爾後、神話と伝説の時代に入れ替わって考古学的、時代考証学的な調査と論考を中心として古代史が語られるように

なったが、それが私にはどうも面白くない。それにかわって古事記を読むと面白いのである［文献7］。日本列島に住みついた"いにしえ人"が、往時に何を考え何を崇めて暮らしていたのかと想像するに、農耕漁猟のほかは信仰、祭事、子育てに時間を費やしていたのではないか。私たちは科学的に、また考証学的に古代史の空白部分を埋めるだけでなく、神話や伝説として伝わってきた非科学的な事象や、現代の理屈に合わない往時の人たちの心の中に、彼らが信仰していた"波長のない光"を探してみることも大切ではないかと思う。そのために、高千穂峰に登って古代人の"われを思う心"を想うのもよいだろう。

99　開聞岳（薩摩富士）（924m）

"開聞"の二文字は地名であり、神社名でも山名でもある。"人々の耳を開いて聞かせる詞章と音曲とが調和する点"、すなわち聞かせどころの意味を持った"能"用語らしいが、それがこの山名になったいきさつはわからない。誰が名付けたのか、九州最南端の山から声を発して誰に何を聞かせようというのか、さて考えてみる価値はありそうだ。

2004年12月12日（日）　小雨、単独行。
コースとタイム：鹿児島空港－（車）－開聞岳登山口11:55
－開聞岳山頂14:00〜14:20－登山口へ下山16:00

開聞岳

　駐車場で身支度を整えストックを握って歩きだした。地図を見ると、開聞岳の登山道は北側の山麓から時計回りに山腹をぐるりと一周するスパイラル状につけられていて、釣針の形によく似ている。登るにつれて高さと方角と植生が変わり景色も次々に変化した。3合目から東の方角には指宿ゴルフクラブが、5合目からは南に太平洋の海原が、8合目からは西に枕崎の海岸線が小雨を透かして目に入ってくる。360度ぐるりと一周した9合目からは北の方角に池田湖が見えるはずであったが、相肉と山頂は雲に入ってしまい視界は遮られていた。

　登山道はこの山が古い火山であることを思わせる巨岩の多い道であり、8合目を過ぎると岩はさらに多くなった。山頂近くで道は北から南へと回り込み、雨に濡れた石段状の道を登って頂上に達した。

晴れていれば天下一品の眺めが得られるはずであったが、山頂にかかったままの雨雲が恨めしい。腹を空かせて山麓の売店で買ったパンに無言で食らいつく。下山は同じ道を下り、登山口に戻って山頂を振り返ったが、円錐型の麗峰はまだ雨雲の中にあり顔を見せてはくれなかった。

　この日は一日中雨だった。途中で腰を下ろして休むことが少なかったために下山後、両脚が攣った。12月とはいえ暖かな日であり雨具は雨天用パンツと傘で足りた。

　翌13日（月）、せっかく薩摩半島へ旅してきたのだからと、開聞岳山麓を一周する自然歩道の散歩に出かけた。はじめは登山道の2.5合目まで登り、そこから東南に折れて植物園とゴルフ場の境界線を歩いて管理棟から右へ海岸に向かって曲がる。そのうち地図に書かれている自然歩道と合流するだろうと歩いていると知らぬまに藪道となり、波が岩を洗う太平洋岸に出てしまった。地図を見直すと、方角は正しかったが自然歩道の一部がトンネルになっているその上を通り過ぎたらしい。地表の道しか読めない私だったのかと悔しがったが、結局もとに戻って自然歩道の散策を諦めた。

　めげている私に追い打ちをかけるように、帰途に立ち寄った山川の砂風呂には臭気が漂っていた。

後記：開聞岳への登山をもって日本百名山の旅は完結したものと私は安堵した。ところが帰宅して精査すると、不覚にも那須岳（24節）にまだ登っていないことを知る。ボケ

に間抜けとはこのことかと返す言葉もなかった。とはいえ１年でも長生きする理由ができたと考えなおし、百名山完結の安堵感は次の年へ持ち越した。

（３章24節に続く）

100　宮之浦岳（1935.3m）

"屋久島では１年367日雨が降る"のことばが伝えられているように、朝は晴れても午後には雨、山麓は晴れても山頂では霧雨、と屋久島の空模様はめまぐるしく変貌する。５月末以降なら雨天であっても石楠花の花が訪問者を慰めてくれるであろうが、私が宮之浦岳へ登ったのは大型連休の頃であり花にはまだ早かった。

　UNESCO世界自然遺産に日本で最初に登録されたのが屋久島であるから、環境庁（現在は環境省）の力の入れ方も破格であった。屋久杉の樹幹だけでなく根も人靴に踏まれないようにと、いたるところに木道と階段が設置されて、大げさに言えば土を踏むところが少ないほどである。まるでトンネルだらけの山陽新幹線のようだ。土や岩の道を歩くのが少ないほどだから、むしろ杉の少ない稜線のほうが人工道が少なくて歩きやすい。この階段の多さと段差の高さは小男の私には堪えた。

　自然を守るためであれば訪問者数を制限すればよい。ところがUNESCOに登録されると訪問者は増えて地元自治体もまた増やそうとする。このパラドックスのバランスを

とるためには管理者の信念に加えて訪問者の自制が必要になる。自然環境の保護を最優先すべきことは当然だが、そのために訪問者を締め出すのはユネスコ精神に反するらしい。だから必然的に訪問者の啓発的教育と入山者数の制限が必然になるだろう。例えば、入山者を抽選によって制限する登録制をとり、高額の入山料金を徴取して訪問者の事前教育に必要な経費と自然環境の維持管理に充てたらよいと思う。

1997年5月1日（木）〜3日（土）　内田雅勝、相馬勲の両氏と3人行。
1日　晴　空港ー（タクシー）（安房林道、ヤクスギランド経由）ー淀川登山口ー淀川小屋
2日　雨　淀川小屋ー花之江河ー宮之浦岳ー小高塚小屋ー高塚小屋
3日　曇のち晴　高塚小屋ー縄文杉ー（大株歩道）ー楠川別れー辻峠ー白谷雲水峡ー楠川ー（バス）ー空港

5月1日（木）
　高齢期にさしかかった男三人の宮之浦岳登山は淀川登山口から始まった。顔ぶれは義弟の内田雅勝氏と産総研池田の主任研究者だった相馬勲氏と私の三人である。初日は登山口から1時間ほど歩いた無人の淀川小屋に泊まる。無人小屋とはいえゴールデンウイーク期間中は登山者で満員だったが、木張りの床には手足を伸ばして寝るのに十分な広さがあった。

小屋の近くに安房川上流の淀川が流れている。そこに架かる木橋から足元の水の流れを覗いていると、水に磨かれた岩床の上を透き通った水が滑るように流れて吸い込まれそうだ。若ければこの谷を遡行しようと言い出しかねない一行であったが、その気力はもはや消え失せていた。その心を隠すように"人肌を流れ落ちる水のようだ"と異口同音につぶやいていた。

5月2日（金）

　淀川小屋を発って花之江河に向かい登りはじめる。周りの茂みには石楠花が生えているが蕾はまだ固かった。花之江河を木道で渡って登りにかかる。灌木の茂みは薄くなったが霧は濃くなり、降らなければ不思議という雨もしっかりと降り始めた。笹に覆われた稜線の登りが続く。ピークをいくつか越えて主稜を東から西へ回り込むと、濃霧の雨中から宮之浦岳の山頂標識が姿を現した。期待していた360度の眺めに代わって、頭上も脚下も367度が濃い霧の中にあった。

　"残念と思う心も山の想い出"と自分を納得させながら雨中に写真を撮り、寒さから逃れるように山頂を離れた。放牧された羊のように大小の花崗岩が点在する笹尾根の上を、曲がりくねって続く道のままにただ北東の方向を目指して小高塚小屋に向かう。

　杉林に入った。強い尾根風に枝をもがれた屋久杉が立つ稜線に木道はない。杉の根を跨ぎ越しながら着いた小高塚小屋は先客で満員だった。"この下の高塚小屋なら空いて

るよ"と態よく追い出されてさらに1時間も下り、暗くなりかけた頃に高塚小屋に着く。ここもすでに登山者で埋まり、彼らは夕餉の最中だったがもうこの先に小屋はない。"お邪魔でしょうが"と頭を下げて3人には足りない床を空けてもらう。ありがたや、でもひとかけらの微笑くらいは欲しかった。

5月3日（土）

　下山の日に雨は上がった。小屋のすぐ近くに縄文杉が見事な立ち姿を見せている。周りに展望デッキが設置されており、むっくり立ちあがって訪問者を見おろす杉の姿は、写真で見るよりはるかに異形異彩であった。デッキを離れて急傾斜の木製階段道を下るとウィルソン株に着く。奇怪で巨大な古杉の切り株の上に子株が育ち、親株にできた空洞の内部はさながら古代ローマ遺跡を木造りにしたようである。このあたりが数世紀前まで島津藩の木材資源庫だったのかと、時の流れと価値観の変化に感慨を覚えた。

　ここからさらに下がり安房川上流の北沢に出た。道は木道からトロッコ道に変わり、下流へ1時間ほど歩くと三代杉へ、続いて楠川別れに着いた。ここでトロッコ道と別れて左の杉峠へと登って行く。峠を囲む杉林は鹿害によって木肌を白くむき出していた。この峠の光景を見た三人の男たちは疲れを忘れたかのように議論を始める。"いまから千年後の屋久杉を育てるには、鹿より人害を防ぐのが先だ"、"いや地球の気候変動防止が先ではないか"、"いやいや、もうすべてが手遅れだ"、"そのとおり、人が滅べば屋

久杉は立派に育つさ"、"しかし、人の住まない島の屋久杉に何の意味があるの？"。

　初老の三人男による屋久島の旅は杉峠を越えて島の北面に彫り込まれた幽玄の白谷雲水峡へ、さらに北海岸の楠川へと続いた。こうして標高差1900mの山下りは無事に完結し、私の百名山の山旅は日本の南端に達した。

エピローグ　山歩きに終わりはない

　山歩きに終章はありません。歩くことが人の日常であるように、山歩きにもまた、人生の喜びと悲しみ、学びと失意が投影されて未来へとつづくからです。

　人の生きざまは、登ったら下る山旅を続けてきた生き物のものといえます。有史以前から旅する存在でしたが、移動のために肉体以外のエネルギーを使うようになってから動きを速めたにもかかわらず、近代まで地球環境と資源が有限であることに気づきませんでした。いまでもまだ、この限りある地球に生かされていることを自覚しているようには見えません。あるいは、自分のせいでできた腫れ物は次世代が膿みを出してくれるだろうと、それが未必の故意とは知りながら、不都合な真実から目を逸らせているのでしょう。ギリシャ神話のナルキッソスのように、人は大都会や科学技術という水溜まりに映る己の姿に自惚れて、有限の世界を無限に見る錯覚力を身につけたようです。それはまた、西遊記の孫悟空の姿にも似ています。自信過剰の悟空は無限の世界を求めて釈迦の掌の内から觔斗雲（きんとうん）に乗って脱け出そうとしましたが、首尾を果たせなかったのですから。

　現在の人間社会もそれに似ています。学問を進めて科学技術を発展させても、それが反省を生かさない欲望の代弁者・執行者である政治と産業経済に深く結びついてきたために、地球の自然環境は人類にとって再生不可能なほど傷

ついています。

　人はいま、生きるために必要な衣食住の限界を大きく超えて、自然環境や資源やエネルギーを大量に消費する都市型生活の標準化を進めています。たとえば物見遊山の内外観光旅行や国外の興行に航空券ポイントを貯めては出かける人、山を歩いて山上のホテルに泊まる人が急増しています。

　ちょっと立ち止まって考え直しませんか。人は、水と大気、地表と太陽の光、地球資源など、どれをとっても有限の空間に生かされている生き物です。科学技術がどれだけ進んでも自由と欲望には限界があり、人間の活動量が爆発的に増えている現在ならなおのことです。生物界では過剰繁殖を集団として調整するのが一般的であると学んだ記憶があります。

　ここまで世界を席巻してきた自由経済活動は、普遍的利便性をできるだけ多くの人々に提供して利を得るのが目的でしたが、その結果、ほとんどが地球環境に疲弊と破壊をもたらしてきました。人を突き動かす衝動の多くは欲望であり、そのなかでも有限性を侵す欲望は劣勢遺伝子ですから、それが絡んだ登山ビジネスも自然環境を侵します。だから、登山の普遍化と自由化をどこまでどのような形で受け入れられるのか、まじめに考えてみませんか。

　深田久弥著『日本百名山』［文献1］は1964年に刊行されましたが、私は百名山の名で括られた山々にしばらく知

らぬふりをしてきました。納得できない概念やきまりごと、また、流行や経済的利益を第一とする社会の趨勢を好きになれない若者でしたから、百名山という括り方に抵抗がありました。山に押し寄せるビジネスの波に反発していたのです。とはいえ山歩きが好きな私にその抑制が続くはずもなく、抗いながらも日が経てばいつしか百名山を歩いていました。

　80代になっても山歩きの魅力から解放されない私ですが、山もまた歳をとったようです。それは山の老成というより錆びて汚れてきたのに似ています。私の登山スタイルも百名山の概念がなかった頃に比べて変わりました。寂しくもあり辛い気持ちもあり、この登山記でもそれを感じられたことでしょう。

　戦後、日本では数多の屋外スポーツが普及しました。はじめは小規模でもビジネスの歯車に組み込まれると規模を広げ、多くは自然を傷つけながら広がったのです。山登りも例外ではなく、山岳を運動場へと変えてゆきました。それが趨勢であっても、①節度と限界、②自律性、③自然環境への負荷軽減、という三つの配慮と責任を欠いてはなりません。どれを欠いても躾の悪い登山者とビジネスが増えて山岳環境が損なわれるからです。

　科学技術についても同じです。例えば、宇宙という美名に隠れて技術開発とビジネスを進める宇宙開発事業では、大気圏と宇宙圏とを壊して技術廃棄物（デブリ）が堆積しています。なぜそうなるのか、心配なことは、地球と宇宙

を損なってでも宇宙進出しなければならない理由が普遍的に理解できないことです。国外プロジェクトであれJAXAであれ、宇宙移住や宇宙観光旅行などもってのほかの愚行であると私は確信しています。それによって愚行者も含めた人類全体が犠牲者になるからです。地上の人間と有限の資源を地球環境を大切にしない宇宙開発者に任せられますか。結局は経済活動の拡大にすぎず、そこには地球環境プラス人類の持続的保護とトレードオフできるような宇宙開発の理由が存在しないのです。疑わしいのは、宇宙開発の限界について全分野の叡智を集めた討論の場を、私はまだ見たことがないのです。

　エリート集団にありがちなことですが、個々には優れた人でも、経済的目的を持った集団に加わると地球や人の未来が見えなくなり、責任感と正義感が薄くなるようです。いま私たちが直面する地球温暖化も、往時のすぐれた科学技術者や政治家、経済産業人や軍人たちが残した負の遺産であることを忘れてはなりません。

　人は富むほどに不都合なことを金銭的また物質的代価に置き換えて他人の手で繕う癖のある困った存在です。綻びは自分で繕い、ゴミは拾って集めることにしたらどうでしょうか。SDGsが提唱する製造者責任と使用者責任は、自分で責任を持てない製造や使用であればそれを作らない、使わない、その事業はやめる、と提言しています。山登りでも自己責任が持てなければやめることです。少年のころ、"おまえさんが好んで作り使ったのだから、自分で始

末を考えなさい！"と母からよく聞かされた言葉を私は大切にしています。いまの親もそうであってほしい。

　山登りの楽しさは便利さに囲まれたところにはない。むしろ不便さの中から学び、自立的に行動するところにあるのだと思っています。

― 完 ―

謝　辞

　文中に氏名を拝借した多くの方々に感謝します。なかでも京大WV部の先輩・同輩・後輩は言うに及ばず、山友の三谷道治氏、リハビリ中の山行を支えてくれた柴田勝司氏、後立山縦走を共にした上田博之氏と藤本信行氏、楽しく山行を共にした植栗一剛氏など多くの人々の名を挙げて感謝します。また、一期一会を超えて交流する秋田県鹿角市の大里祐一氏を記さないわけにはゆきません。画家の近藤宏太郎氏との出会いもあり、娘と息子、弟妹や姪たちには気を遣わせました。このように、宇宙を飛ばなくても百以上の山へ登り、星の数ほど人に出会うことができました。おわりに、(元) 化学同人・平祐幸氏から豊かな経験に基づく貴重な所見をいただいたことに感謝します。

参考文献

1）『日本百名山』深田久弥 新潮社（1964年）
2）『週刊・日本百名山』通算50号 朝日新聞社
3）『日本山岳全集6 槍ガ岳』三田幸夫・深田久弥監修 朋文堂（1960年）
4）『劔岳』冠松次郎 第一書房（1929年）
5）『東北の山々』朋文堂編（1962年）
6）『山と渓谷 穂高岳』山と渓谷社（2023年）
7）『神々の物語 古事記』村田健史・小林浩志編、公益財団法人地域開発研究所（2020年）

著者プロフィール

奥 彬（おく あきら）

1938年	長野県生まれ
1961年	京都大学工学部・工業化学科卒
1966年	京都大学大学院工学研究科・博士課程修了（京大工博）
1966年	米国ミシガン州立大学研究員
1968〜2002年	京都工芸繊維大学助手、助教授、教授
2002年	京都工芸繊維大学名誉教授、（財）生産開発科学研究所勤務、

日本化学会副会長、プラスチックリサイクル化学研究会長ほか

専門　有機合成化学、環境科学
著書　『バイオマス 誤解と希望』2005年、日本評論社ほか

登場する人物につきまして、連絡が取れない方もいらっしゃいました。
お心当たりの方は小社編集部までご連絡いただければ幸いです。

百名山遊記　—山歩きは学びにあふれて—

2024年12月15日　初版第1刷発行

著　者　　奥　彬
発行者　　瓜谷　綱延
発行所　　株式会社文芸社
　　　　　〒160-0022　東京都新宿区新宿1−10−1
　　　　　　　　　　　電話　03-5369-3060（代表）
　　　　　　　　　　　　　　03-5369-2299（販売）

印刷所　　株式会社フクイン

Ⓒ OKU Akira 2024 Printed in Japan
乱丁本・落丁本はお手数ですが小社販売部宛にお送りください。
送料小社負担にてお取り替えいたします。
本書の一部、あるいは全部を無断で複写・複製・転載・放映、データ配信する
ことは、法律で認められた場合を除き、著作権の侵害となります。
ISBN978-4-286-25960-4